根据《3—6岁儿童学习与发展指南》《幼儿园教育指导纲要（试行）》编写

幼儿数学生活化教学活动100例

（大班）

顾　问：李　杰
主　编：朱　晓
编　委：吴国彬（广东茂名幼儿师范专科学校）
　　　　黄　燕（广东省高州市大井镇中心幼儿园）
　　　　钟宏伟（广东省佛山市禅城区教育发展中心）
　　　　吴　富（广东省高州市泗水镇中心学校）
　　　　梁　建（广东省高州市平山镇中心学校）
　　　　梁艳锋（广东省高州市教育研究室）
　　　　何雪玲（广东省高州市曹江镇中心幼儿园）
　　　　黄明娟（广东省高州市小主人幼儿园）

广东高等教育出版社
Guangdong Higher Education Press

·广州·

图书在版编目（CIP）数据

幼儿数学生活化教学活动100例/朱晓主编. —广州：广东高等教育出版社，2020.10

ISBN 978-7-5361-6251-8

Ⅰ.①幼… Ⅱ.①朱… Ⅲ.①数学课-学前教育-教案（教育） Ⅳ.①G613.4

中国版本图书馆CIP数据核字（2018）第193190号

责任编辑	钱　丹
责任校对	吴旭芝
封面设计	阿　丁
出版发行	广东高等教育出版社
	地　址：广州市天河区林和西横路
	邮编：510500　营销电话：（020）87551163
	http://www.gdgjs.com.cn
印　　刷	广东鹏腾宇文化创新有限公司
开　　本	787毫米×1 092毫米　1/16
印　　张	20.25
字　　数	320千
版　　次	2020年10月第1版
印　　次	2020年10月第1次
定　　价	75.00元（共3册）

前　言

"无数学不生活、无数学不人生",迅猛发展的数字化、信息化时代对个人的数学认知和运用能力提出了前所未有的高要求。《幼儿园教育指导纲要(试行)》指出:"引导幼儿对周围环境中的数、量、形、时间和空间等现象产生兴趣,建构初步的数概念,并学习用简单的数学方法解决生活和游戏中某些简单的问题。"《3—6岁儿童学习与发展指南》指出:"要珍视游戏和生活的独特价值,创设丰富的教育环境,合理安排一日生活,最大限度地支持和满足幼儿通过直接感知、实际操作和亲身体验获取经验的需要,严禁'拔苗助长'式的超前教育和强化训练。"教育向幼儿的生活回归是现代教育的一个重要趋势,数学教育也不例外。

生活中处处有数学。幼儿的数学学习,是他们在与周围环境的互动中自发地认知学习或在成人的引导下学习数的知识、技能,发展数学认知能力的过程。它特别注重幼儿对自己周围环境中数学问题的关注和兴趣,注重在日常生活中通过感知、体验和操作活动理解数的抽象关系,并在解决问题的过程中运用所学的数学知识,逐步发展逻辑思维。

欧美数学教材给人一个突出感觉是:教学内容现代化,而且密切联系生活实际。教材的插图都是真人、实物的照片,使人感到数学不可怕,数学就在我们身边,就在我们的生活中,这样幼儿学习数学的兴趣自然大大提高。

幼儿在一日活动各个环节中以什么样的方式接触数学,决定了幼儿对数学的最初感受,而数学教学活动生活化为幼儿学习数学、感受数学提供了一个最有效、最有趣的过程。

如何才能实现数学教学生活化?我认为,在数学教学中,要摒弃让幼儿厌倦、让思维禁锢的机械记忆方法,要让幼儿多接触生活、融入生活,引导幼儿从生活经验、生活实际中捕捉数学现象,体现"数学源于生活、用于生活",使幼儿体会到数学就在身边,感受到数学的魅力,体会到数学的乐趣。如在日常生活中利用生活素材让幼儿积累数学感性经验,包括桌椅等物体的形状、大小、颜色及其上下、前后、左右等形体及空间方位的认识。又如，利用生活和游戏的实际情景，引导幼儿理解数学概念的具体化。游戏是幼儿的最爱，将数学知识和游戏巧妙结合，才能让幼儿在玩中学，在学中玩。

在茂名市教育局党组成员、副局长李杰同志的大力支持和指导下，我在搜集各种参考资料的基础上，结合30年一线幼儿教育工作的经验，历经6年时间的反复修改、完善，并分别以高州市第一幼儿园、高州市曹江镇中心幼儿园、高州市小主人幼儿园、高州市育婴堂幼儿园等多所公办、民办幼儿园的小、中、大班幼儿为研究对象，编写了小、中、大班不同的生活化数学教学课例。我对这些课例进行"计划—实施—反思—调整"的具体教学实践，并在不断延伸总结、归纳经验的基础上，编写了本书。

本书对国内外幼儿园数学教学生活化的理论与实践进行梳理总结，并在此基础上，以《3—6岁儿童学习与发展指南》《幼儿园教育指导纲要（试行）》《广东省幼儿园一日活动指引》等文件精神为依据，科学制定了幼儿园一日活动各环节中的数学教育目标和家庭生活中的数学教育目标。同时，根据不同阶段的幼儿实际情况和学习要求，编写了不同的生活化数学课例，制定了课堂目标，创设支持幼儿探索数学的环境，选用易于操作的材料，制定符合幼儿学习兴趣的活动过程，引导幼儿在生活化的环境中主动学习、探索、操作，形成数学认知，发展数学思维，体验数学乐趣并将经验迁移到日常生活应用中。

本书中的故事由高州市第一幼儿园邹金玲老师和高州市宝光街道顿梭中心幼儿园何榆老师录音讲述，儿歌由高州市大井中心小学的俞慧敏、俞慧莹、张雨桐等同学和高州市第一幼儿园曾雨晴小朋友演唱，歌曲由星海音乐学院现代音乐与戏剧学院电子管风琴专业学生卢韵琦弹奏，在此对她们的支持与帮助表示衷心的感谢！

开卷有益，如果大家在研读该书过程中，能得到一点启发、一点收益，那编写这本书的目的就达到了。因水平有限，错漏之处，敬请各位批评指正，让我们共同为幼儿教育的健康持续发展贡献力量。

朱　晓

2020年6月

目 录

幼儿园一日活动中数学教学内容 / 2

家庭一日活动中数学学习内容 / 4

1. 数学真好玩 / 6
2. 认识电子计算器 / 11
3. 天气预报 / 13
4. 行与列 / 17
5. 采购员 / 20
6. 小小播音员 / 24
7. 爸爸妈妈的一天（1）/ 26
8. 爸爸妈妈的一天（2）/ 31
9. 幼儿园的一天 / 35
10. 一分钟 / 38
11. 时间兄弟 / 41
12. 我知道的路 / 45
13. 会说话的车牌 / 48
14. 温度计 / 52
15. 时间对比表 / 55
16. 认符号 / 58
17. 我身边的价格 / 61
18. 大嘴巴和小嘴巴 / 64
19. 爸爸妈妈的结婚证 / 67
20. 我的身份证 / 69

21. 我的出生日期 / 71
22. 认识星期 / 74
23. 认识日历 / 77
24. 加油站里的秘密 / 81
25. 一年有多少天 / 84
26. 认识农历 / 86
27. 认识节气 / 89
28. 认识节日 / 92
29. 衣服上的秘密 / 96
30. 称一称 / 99
31. 量一量 / 103
32. 倒计时 / 106
33. 骰子的秘密 / 108
34. 有趣的扑克牌 / 111
35. 我有钱啦 / 114
36. 换钱（1）/ 117
37. 换钱（2）/ 120
38. 我的零花钱（1）/ 123
39. 我的零花钱（2）/ 126
40. 看谁数得快 / 129
41. 对称 / 132
42. 想一想 / 135

大班

　　让孩子初步感知数学在生活中的广泛运用；能从生活和游戏中感受事物的数量关系并体验到数学的重要和有趣，感知形状与空间的关系。发展孩子的观察力、分辨力、语言表达能力和动手操作能力。在一日活动的各个环节中进行渗透式学习，培养孩子对数学的兴趣并运用于日常生活之中。

　　主要目标：

　　1. 能发现事物简单的排列规律，体会其中的排列特点与规律，并尝试创造新的排列规律。

　　2. 能发现生活中许多问题都可以用数学的方法来解决，尝试解决日常生活中需要用到数学的问题，体验数学的用处和解决问题的乐趣。

　　3. 初步理解量的相对性。

　　4. 借助实际情境和操作（如合并或拿取）理解"加"和"减"的实际意义。

　　5. 能通过实物操作或其他方法进行10以内的加减运算。

　　6. 学习2个2个、5个5个、10个10个地进行群数，体会多种不同的数数方法。

　　7. 能用简单的记录表、统计图等表示简单的数量关系。

　　8. 能用常见的几何图形有创意地拼搭和画出物体的造型。

　　9. 能按语言指示或根据简单示意图正确取放物品。

　　10. 能辨别自己的左右方向，增强方向感。

　　11. 认识时间，培养孩子的时间观念。

幼儿园一日活动中数学教学内容

环节	可进行的数学教育内容
来园	1. 认识时钟（整点、半点、分钟），知道自己或其他小朋友来园的具体时间
	2. 体会即使桌椅摆放的位置或角度不同，所占的面积也是一样的
	3. 摆放椅子、书包或其他物品时，学习数的组成和加减法
	4. 用简单的方法统计本班出勤（缺席）的男、女小朋友人数及总数
盥洗	1. 能清楚地知道自己前面或后面各有几个小朋友在排队等候，共有几个人，学习分解组成、加减法
	2. 学习用目测的方法判断适宜的站队距离
	3. 认识水管是圆柱体，感知球体、正方体、长方体等特征
进餐	1. 认识三餐的时间，认识整点、半点和分钟
	2. 把一桶饭分成一碗一碗的，认识整体与部分、等分与不等分之间的关系
如厕	1. 会算自己或别人如厕的时间，学习记录时间的方法
	2. 根据厕所内外的人数口头编加减法应用题
喝水	1. 认识饮水的时间，学习用加减法计算一天的饮水量
	2. 计算排队取水和饮水所需的时间，学习合理分配时间
	3. 用大小不同的杯装相同容积的水，体验其差异性和相同性，感知量的守恒

续上表

环节	可进行的数学教育内容
户外活动	1. 在各项游戏中，练习 10 以内数的分解与组成及加减法
	2. 能发现游戏材料的特征，按颜色、种类、大小、厚薄、长短、轻重等特征进行一定规律的排序、比较、分类等活动
	3. 在"倒计时"游戏中，发展倒数能力，感知倒计时在生活中的广泛应用
	4. 在各项比赛中，感知时间的快慢
	5. 在游戏中，运用简单的统计方法展示游戏的结果
午睡	1. 正确认读自己午睡及起床的时间
	2. 在穿脱衣服中计算自己所用的时间
	3. 认识并感知左右、前后、远近、上下等，能以自身为中心进行区分，理解它们之间的相对性
离园	1. 知道离园的时间，计算从第一个小朋友离园到最后一个离园所用的时间
	2. 在正常情况下，感知家长接孩子人数的多少与接走孩子快慢的关系
	3. 感知家长与孩子人数的多少与人群疏密的关系
	4. 未接走的孩子可针对已接走的孩子人数进行口编加减法应用题运算

家庭一日活动中数学学习内容

环节	可进行的数学教育内容
来、离园	1. 知道自己来（离）园及在路上的时间，培养孩子的时间观念
	2. 用简单的方法统计本班出勤（缺席）的男、女小朋友人数及总数
	3. 练习运用群数（2个2个数、5个5个数、10个10个数）的方法计算本班来园的人数
	4. 知道年月日的循环规律，感知时间的不可逆性
作息	1. 认识整点、半点、分钟，知道不同的时间有不同的活动，学习统计家人一周的作息时间
	2. 睡前、起床学习观察温度计，感知天气情况，尝试记录每天的天气情况，利用柱状图、曲线图的方式进行记录
	3. 知道一周有几天，昨天、今天、明天分别是星期几
	4. 穿脱衣服时，计算自己所用的时间，培养节约时间的意识
盥洗	1. 计算自己（家人）起床至出门上幼儿园（上班前）所用的时间
	2. 尝试找出洗漱用品以及其他用品中有哪些形状
	3. 理解洗澡用品的瓶盖与瓶的对应关系，感知生活中瓶子的种类及差异性
穿着	1. 会根据衣服的种类、颜色、大小等排序
	2. 运用规律排序，整理自己或家人的衣服，探索空间的最大利用方法
	3. 感受衣服的对称，寻找生活中的其他对称轴

续上表

环节	可进行的数学教育内容
饮食	1. 用自己喜欢的方法统计一天中所吃食物的品种
	2. 认识食品的价格或购买食品时，学习用心算或计算器计算金额，初步感知连加、连减运算
	3. 尝试根据日常生活中的实际问题，自编并口述加减法应用
物品	1. 发现物体特征的多种差异，能根据物体的特征转换角度进行多次分类，尝试记录分类结果
	2. 运用规律排序，整理家里的物品
	3. 能对10以内的物品和数字进行分解组成，并初步尝试简单记录和口述加减法应用题
	4. 探究把物品进行二等分、四等分，体验等分中的包含、等量、部分与整体之间的关系
	5. 学习连加、连减的计算方法，并能进行口述应用题
	6. 通过购买各种物品，认识人民币和物品的价格，学习用心算（或其他电子计算工具）计算物品的总价
活动	1. 在生活和游戏中，理解和感知20以内的单双数，按群计数的方法
	2. 学习运用测量工具进行各项测量并记录测量结果
	3. 简单了解日历的种类，学习看日历、星期的方法，知道哪天进行了哪些活动
	4. 学习合理地安排自己的活动时间（如休息、学习、活动的时间等）
	5. 尝试用数的信息进行一些简单的推理
	6. 学习运用计算器探索乘除法的计算方式

1. 数学真好玩

活动目标

1. 了解总数与部分数的概念以及它们之间的关系。
2. 练习10以内数的加减法。
3. 培养孩子学习数学的兴趣。

活动准备

1. 水果实物或图片。
2. 数字卡片。
3. "+" "−" "=" 等符号卡片若干。

活动内容

1. 学习10以内的分解组成及认识 "+" "−" "=" 等数学符号。
- 学习10以内数的组成。

引导语：（出示2个大苹果、1个小苹果）这是什么？分别有多少个？可以用什么数字来表示？一共有多少个？又可以用什么数字来表示？2和1合起来是多少？2可以表示什么数？（部分数）1又可以表示什么数？（部分数）3又可以表示什么数？（总数）

小结：一部分是大苹果，有2个是部分数；一部分是小苹果，有1个是部分数，总数有3个。2和1合起来是3，1和2合起来也是3。

1. 数学真好玩

- 学习 10 以内数的分解。

引导语：（出示 6 条香蕉）把它分成两份，可以怎么分？有几种分法？6 条香蕉可以用什么数字来表示？1 条、2 条、3 条、4 条、5 条香蕉分别可以用什么数字来表示？6 是什么数？（总数）1、2、3、4、5 分别又是什么数？（部分数）6 可以分成几和几？

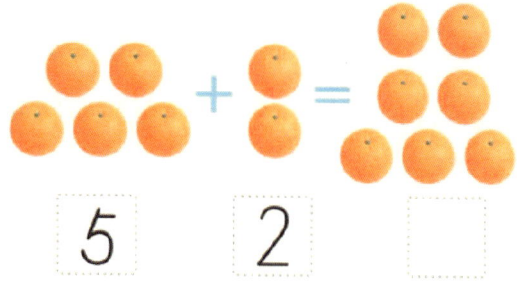

小结：6 有 5 种分法，分别是 1 和 5、2 和 4、3 和 3、4 和 2、5 和 1。6 是总数，1、2、3、4、5 都是部分数。

- 认识"+""−""="等数学符号，知道其所表示的意义及在式子中的位置。

引导语：（出示"+""−""="图片）看看这些符号像什么？又可以叫什么？它们在式子里出现在什么位置？表示什么意思？

小结："+"在加法算式中，站在两个部分数的中间，表示把两个部分数合起来。

"−"在减法算式中，站在总数与总数后面第一个部分数的中间，表示去掉、减去、分出去等。

"="表示左边的两个数相加或相减的结果与右边的数一样多。

❷ 学习 3 的加减法。

- 学习 3 的加法。

引导语：（出示"1～3"数字和"+""="的图片）1 和 2 合起来是几？可以用什么方法计算出来？（加法）在加法算式中，哪两个数是部分数？哪个数是总数？加号、等号分别放在什么地方？表示什么意思？还可以摆出其他加法算式吗？（1+2=3 和 2+1=3）这两道算式有什么相同的和不同的地方？结果又是怎么样？

小结：加号前后的两个部分数调换位置，总数不变。

- 学习 3 的减法。

引导语：（出示"1～3"数字以及"−""="图片）3 可以分成 1 和几？用什么方法计算出来？（减法）在减法算式中，哪个是总数？哪个是部分数？减号、等号分别放在什么地方？表示什么意思？还可摆出其他减法算式吗？（3-1=2 和 3-2=1），这两道算式有什么相同和不同的地方？

小结：总数不变，等号前后两个部分数可交换位置。

❸ 巩固对总数、部分数及其在加减法算式中位置的理解。

● 理解加法中的总数、部分数。

引导语：（出示"1+2=3"和"2+1=3"的图片）1、2 是什么数？（部分数）3 是什么数？（总数）总数在什么位置？部分数又在什么位置？

● 理解减法中的总数、部分数。

引导语：（出示"3-1=2"和"3-2=1"的图片），3 是什么数？1、2 是什么数？总数在什么位置？部分数在什么位置？

小结：在加法算式中，总数在最后，其他是部分数。

在减法算式中，总数在最前，其他是部分数。

部分数与部分数合起来是总数，总数去掉（减去）部分数，剩下的还是部分数。

❹ 学习 10 以内数的分解组成和加减法。

引导孩子摆出 10 以内的分解组成和加减法。（注意运用加法交换律和减法规律）

❺ 在生活中运用加减法。

引导孩子在生活中运用加减法，如家里有 5 口人，爸爸今晚没回来吃饭，问家里今晚有几个人吃饭，用什么方法计算出来。

❻ 动手练一练。

● 填一填。

请在 ☐ 里填上相对应的数字。

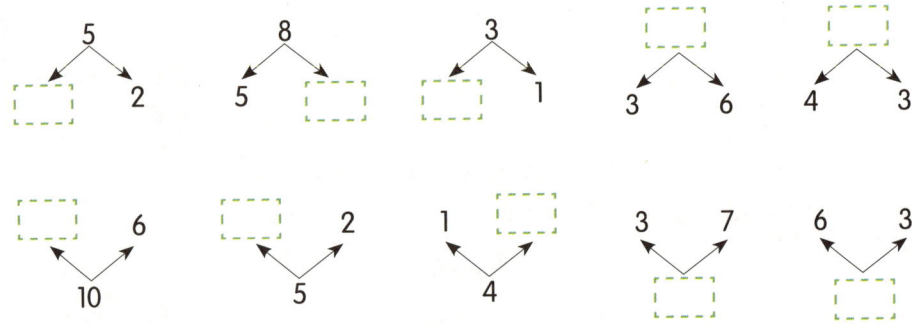

- 看谁做得又快又对。

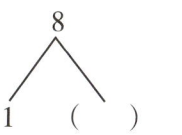 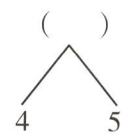 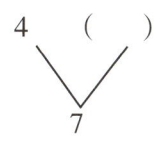 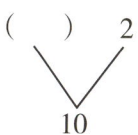

1+4= 3+6= 2+5= 9+0=

10−2= 9−3= 8−7= 5−5=

3+（　）=10　　0+（　）=4　　4+（　）=9　　1+（　）=8

（　）+3=10　　（　）+2=4　　（　）+6=7　　（　）+7=10

9−（　）=2　　6−（　）=1　　10−（　）=8　　7−（　）=6

（　）−3=6　　（　）−6=1　　（　）−5=4　　（　）−7=0

- 看图列式。

    + =

（　）+（　）=（　）

   +   =

（　）+（　）=（　）

   −    =

（　）−（　）=（　）

□ ○ □ = □　　　　　□ ○ □ = □

☐ ◯ ☐ = ☐

☐ ◯ ☐ = ☐

分合式	加法算式	减法算式
3 ↙ ↘ 1 2 2 1	1+2=3 2+1=3	3-1=2 3-2=1

活动反思：（你在实施这个课程中有何感想？）

2. 认识电子计算器

① 认识电子计算器上的数字和符号（加、减、乘、除等），知道其所表示的意思。
② 知道电子计算器的基本用途，学习正确使用电子计算器进行计算。
③ 培养孩子的探索精神，激发孩子科学探索的兴趣。

活动准备

电子计算器。

活动内容

① 复习10以内的加减法，激发孩子的兴趣。

家长出10以内加减法的口头应用题，让孩子进行加减法运算。出示一道100以内的加法（或减法）应用题让孩子计算。当孩子计算不了的时候，引导孩子想想有什么东西可以帮忙计算。

② 认识电子计算器，认识其构造、数字及各种符号，知道其功用。

引导语：（出示电子计算器）这个是什么？做什么用的？电子计算器是什么形状？上面有什么？下面又有什么？这些符号叫什么名字？表示什么意思？

小结：电子计算器是一种计算工具，人们用它算账，用它计算数的多少。

③ 学习使用电子计算器进行加、减、乘、除的运算，初步感知电子计算器给人们带来的方便。

家长出有关加、减、乘、除的应用题，让孩子在电子计算器上进行计算。

④ 说出电子计算器的优点。

引导语：电子计算器有哪些优点？为什么大家都喜欢用它？

小结：电子计算器算得快，算得准，携带方便。

❺ 回顾从古到今计算工具的演变，激发幼儿学习科学的兴趣。

引导语：人类祖先类人猿是用什么进行计数的？（石头）人类进化了，人们又用什么进行计数？（绳子打结）后来人们发明了什么？（算盘）现在有了这个计算工具叫什么？（电子计算器）你还知道哪些更先进的计算工具？（计算机，能在几秒钟内计算出几亿个数）。

● 算一算。

请你用心算或电子计算器计算下列式子。

2+18=	18-6=	6-1=	2+12=
5+11=	17-7=	5+1=	10-1=
12+5=	11-2=	15+1=	19-11=
10+9=	16-7=	2+15=	16-15=
15+3=	9-4=	20-1=	6+8=
2+5=	11-10=	2+6=	10+1=

● 填一填。

请你在 🥚 上填上相对应的数字。

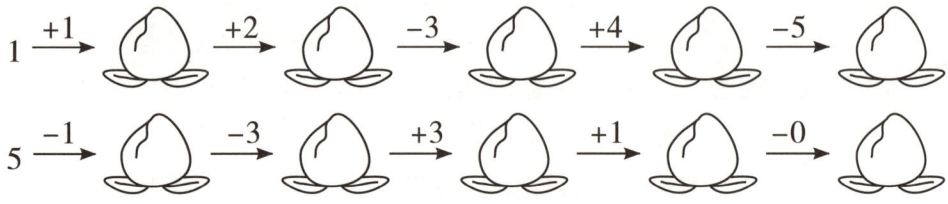

活动反思：（你在实施这个课程中有何感想？）

3. 天气预报

活动目标

❶ 了解获取天气预报的各种办法和途径。
❷ 初步认识天气预报图表示的意思。
❸ 感知天气预报与生活之间的密切关系。

活动准备

天气预报表若干。

活动内容

❶ 了解获取天气预报的不同途径，分享经验。

引导语：今天的天气怎么样？气温多少度？风力怎么样？你是从哪里得知的？明天的天气又如何？

❷ 感知天气预报与生活密切相关。

引导语：农民伯伯、学生、游客、司机等为什么关心天气预报情况？天气与我们的生活有什么关系？可以从哪些渠道知道天气预报？

小结：天气预报真有用，它给我们带来了许多方便。可以从电视、广播、手机等途径获知天气情况。

❸ 学习观看天气预报表，认识气温、天气状况和表示温度的符号"℃"摄氏度。

引导语：（出示天气预报图）这个图表示什么意思？（晴、多云、阴、暴雨等）你从图上看到了什么数字和符号？这些数字和符号表示什么意思？（星期、日期、温度）从天气预报中，我们可以事先做好哪些准备？（如雨天的时候要带伞出门、暴雨或台风来时要留在室内等）

❹ 学习有关天气预报的谚语，感知风、云、雷、电、声、光等天象和物象可以预测天气情况。

天气预报谚语

观风测天谚语

- 旱刮东风不雨，涝刮西风不晴。
- 南风转东风，三天不落空。
- 雨后西南风，三天不落空。
- 五月南风下大雨，六月南风井底干。
- 东风湿，西风干，北风寒，南风暖。

看云测天谚语

- 早起浮云走，中午晒死狗。
- 云从东南涨，有雨不过晌。
- 云在东，雨不凶；云在南，河水满。
- 西北黄云现，冰雹到跟前。

看物象识天气

- 喜鹊搭窝高，当年雨水涝。
- 久雨闻鸟鸣，不久即转晴。
- 海雀向上飞，有风不等黑。
- 鸟往船上落，雨天要经过。
- 喜鹊枝头叫，出门晴天报。
- 蚊子咬得怪，天气要变坏。
- 蜻蜓千百绕，不日雨来到。
- 蜜蜂采花忙，短期有雨降。
- 河里泛青苔，必有大雨来。
- 海水起黄沫，大风不久过。

雷电声光测天谚语

- 响雷雨不凶，闷雷下满坑。
- 急雷快晴，闷雷难晴。
- 雷声像拉磨，狂风夹冰雹。

看天象辨天气

- 久雨刮南风，天气将转晴。

3. 天气预报

- 云绞云，雨淋淋。
- 朝起红霞晚落雨，晚起红霞晒死鱼。
- 月亮撑红伞，有大雨。
- 月亮撑蓝伞，多风去。
- 风静又闷热，雷雨必强烈。

你知道这些谚语的意思吗？你从这些句子里可以知道天气会怎么样？

❺ 动手做一做。

- 记一记。

请你记录一周的天气预报情况。

天气预报
___年___月___日
天气 _____ 温度 _____
风向 _____ 风力 _____

天气预报
___年___月___日
天气 _____ 温度 _____
风向 _____ 风力 _____

天气预报
___年___月___日
天气 _____ 温度 _____
风向 _____ 风力 _____

天气预报
___年___月___日
天气 _____ 温度 _____
风向 _____ 风力 _____

天气预报
___年___月___日
天气 _____ 温度 _____
风向 _____ 风力 _____

天气预报
___年___月___日
天气 _____ 温度 _____
风向 _____ 风力 _____

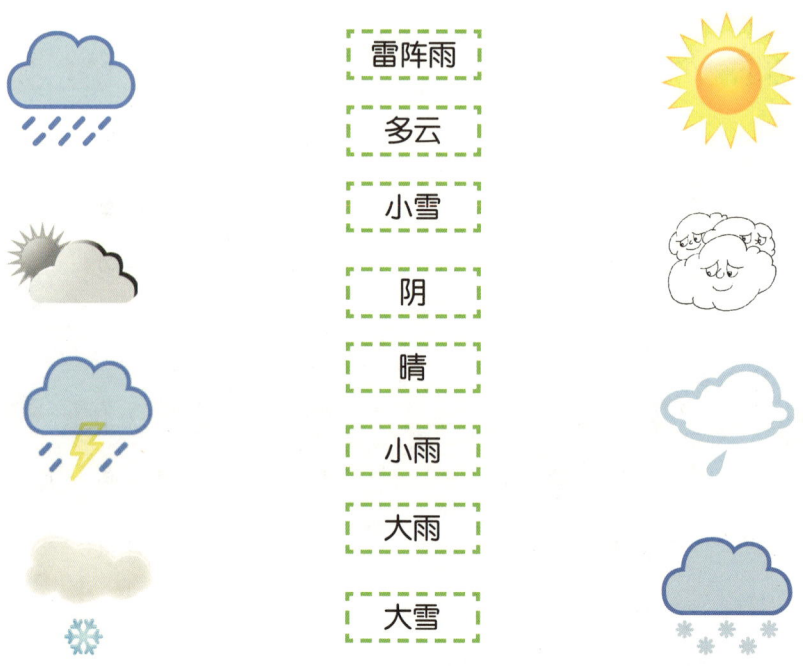

____年___月___日

天气 _____ 温度 _____

风向 _____ 风力 _____

● 连一连。

请你把天气预报图与天气情况连起来。

雷阵雨

多云

小雪

阴

晴

小雨

大雨

大雪

活动反思：（你在实施这个课程中有何感想？）

4. 行与列

活动目标

❶ 初步认识行与列，学习用列表的方式找出相关的图案。
❷ 尝试运用计算器进行加法或乘法计算，并总结两者之间的相互关系，感受先进工具给人们带来的方便。
❸ 培养孩子的观察力及动手操作能力。

活动准备

图表若干。

活动内容

❶ 认识行与列，知道每行每列的数量。

引导语：（出示图1）这是什么？它们是怎么排列的？（从左到右或从上到下）这样排列叫什么？（行、列）小猴子在第几行？小蜗牛在第几列？第几行第几列是什么？第几列第几行是什么？

小结：水平（从左到右）的称行，垂直（从上到下）的称列。

❷ 学习手口一致地进行50以内的数数。

引导语：（出示图1）数一数一共有多少只小动物？你是怎样算出来的？还可以用其他的方法计算吗？（引导孩子想一想，有多少行或列？每行或每列各有多少只小动物？）

❸ 尝试运用计算器进行加法和乘法运算。

引导语：（出示图2）数一数一共有多少个格？你是怎样数的？（出示计算器）

序号	1	2	3
1			
2			
3			

图1

这是什么符号？（认识加号、减号、等号）数一数有多少行？每行多少列？看看有几种计算方法？（5+5+5+5+5+5+5+5+5=、9+9+9+9+9=、5×9=、9×5=）哪种计算方法最快？

序号	1	2	3	4	5	6	7	8	9
1									
2									
3									
4									
5									

图 2

❹ 看算式，练习使用计算器（或用手机中的计算器）进行计算。

3+1+2=　　　9-5=　　　3+2-4=　　　3×2=　　　4×1=

❺ 动手做一做。

● 圈一圈。

请你把第二列第三行、第五列第五行、第七列第四行的图圈出来，并算一算共有几个圆圈。

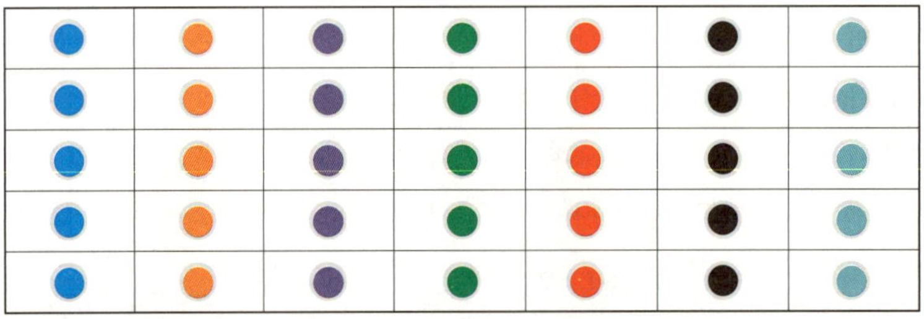

● 涂一涂。

请你把第一列第一行、第三列第四行、第六列第六行的图片涂上不同的颜色，并算一算共有几朵花。

4. 行与列

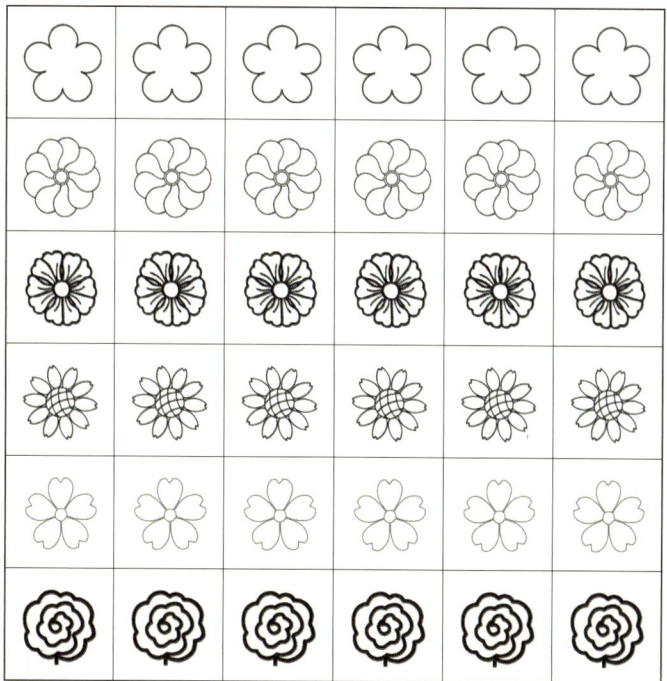

活动反思：（你在实施这个课程中有何感想？）

5. 采购员

活动目标

1. 认识人民币中的元、角，初步学会简单的换算关系。
2. 能运用心算或利用其他工具进行加减法运算。
3. 了解超市或市场的运作模式，学习购物的基本知识。
4. 体会当家作主的感觉，体验生活中的点点滴滴。

活动准备

1. 食品或生活用品的图片。
2. 人民币若干。

扫码听故事
《第一次买东西》

活动内容

1. 听故事《第一次买东西》，激发孩子的兴趣。

引导语：小美去什么地方干什么？发生了什么事？最后怎么样？还可以去什么地方买东西？你敢不敢一个人去买东西呢？

2. 认识人民币中的元、角，初步学会简单的换算关系。

引导语：（出示 100 元、50 元、20 元、10 元、5 元、1 元、5 角、1 角）这是多少钱？多少张 50 元换 1 张 100 元？你用什么方法换算的？2 张 10 元加起来一共是多少钱？可以用哪张人民币来表示？

3. 学习购物的基本知识，培养孩子当家作主的意识。

A. 学习填写购物清单。

5. 采购员

引导语：宝宝，想想我们有什么东西需要购买的？大概要多少呢？（出示采购清单，引导幼儿先在购物清单上注明物品及数量）购物时要带什么？（环保袋、钱）

B. 逛超市，学习购物。一是了解超市的物品摆放区域（如零食、日用品、电器、水果等），知道什么物品摆放在什么区域。二是学会看物品的价格，并在表格上做标记。三是寻找要购买的物品。

C. 学习计算物品的价钱。

引导语：（出示所买的商品）我们买了什么商品？分别是多少钱？一共多少钱？怎么样算出总价？（可以心算或用电子计算器）

D. 学习、认知购物的数量、价格与支付方式。

序号	名称	数量	价格/元	小计
1				
2				
3				
4				
5				
6				

引导语：我们一共要付多少钱？可以直接给现金，但是如果现金不够或没带，还可以用什么方式支付？（刷卡、微信钱包）怎么样支付的？

❹ 感受生活的艰辛，珍惜来之不易的美好生活。

讨论：如果这个星期我们家只有300元了，你会如何合理使用？

❺ 动手做一做。

● 连一连。

请你把人民币和相对应的数字连起来。

● 判断错对。

辨别一下，在 ▢ 里打 "√" 或 "×"。

● 买一买。

你准备购买什么物品？单价是多少？数量是多少？总价是多少？

5. 采购员

序号	物品名称	单价	数量	小计
1				
2				
3				

活动反思：（你在实施这个课程中有何感想？）

6. 小小播音员

活动目标

1. 学习用简单的方法进行统计，激发孩子对数学的兴趣。
2. 根据日期、星期、时间、天气预报、人数等情况，尝试运用比较完整、清晰的语句进行表述。
3. 培养孩子的观察力和语言表达能力。

活动准备

日历表、时间表（或时钟）、天气记录图表、人数统计表。

活动内容

1. 复习巩固总人数和男、女小朋友人数的认知等。

   引导语：我们班有几个小朋友？男孩子有几个？女孩子有几个？今天有几个没上幼儿园？是谁？是什么原因没上幼儿园？

2. 复习日期、星期、时间、天气情况等。

   引导语：宝宝，今天是哪年哪月哪日？星期几？农历几月几日？现在几点了？天气情况如何？

3. 根据日期、星期、时间、天气、人数等情况，尝试运用比较完整、清晰的语句进行表述。

   例：各位听众，早上好！现在是2019年5月16日星期四，农历四月

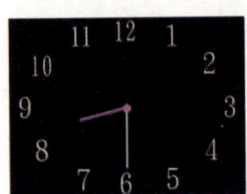  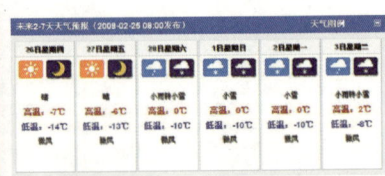

6. 小小播音员

十二日，早上8：30分，小小播音员播音时间开始啦！今天是晴天，现在温度是30℃，大家出外的时候要注意防暑，多喝水。我们班一共有25个小朋友。今天来了23个小朋友，其中男孩子10个，女孩子13个。张欣和李明明两个小朋友请假，张欣和妈妈回老家看姥姥了，李明明感冒了，奶奶带他去医院看病了。各位听众，今天的播音时间到此结束。谢谢大家的收听。明天同一时间再会。

❹ 学习用表格的形式进行记录。

公历日期	星期	农历日期	气温	时间	总人数		来园人数		缺席人数	
					男	女	男	女	男	女

建议：家长可利用接送孩子的时间引导孩子进行练习，教师可利用餐前或餐后等时间引导孩子进行练习。

活动反思：（你在实施这个课程中有何感想？）

7. 爸爸妈妈的一天（1）

活动目标

❶ 通过多元学习方式，丰富对钟面结构和用途的认识，初步了解时针与分针运转的关系，认识整点的读法及记录方法，建立时间概念。

❷ 结合日常生活作息时间，懂得时钟、时间与人们生活（自身活动）的关系，有进一步探究时钟的欲望。

❸ 知道在什么时间应做什么事，培养幼儿的秩序感。

活动准备

❶ 带幼儿参观钟表店，初步了解钟表的种类。

❷ 各种时钟的图片。

活动内容

❶ 带孩子参观钟表店，让孩子看看不同的钟表及听听钟表转动时所发出的声音，找出它们的共同点。

引导语：你们刚才看到的钟是什么样的？（颜色不一样，形状、指针的样子不一样）它们有哪些地方是一样的呢？（启发幼儿发现钟面上都有数字和指针）提问：这两根指针一样长吗？它们分别叫什么名字？（认识钟面结构，区分时针、分针）

❷ 认识时针、分针的运行方向、运转规律。

A. 通过观察动画，了解时针、分针的运行特点。

引导语：宝宝，这两根指针哪根长？哪根短？长的是什么指针？短的是什么指针？它们是怎么样转动的？（时针、分针是绕着圈跑，顺着数字1、2、

7. 爸爸妈妈的一天（1）

3 这个方向一直跑到 12）

B．启发幼儿寻找时针、分针的运转规律。

引导语：它们俩谁转得快？分针从数字 1 转到数字 12，转了一圈，这个时候时针转了多少？时针转了一格，是多长时间呢？

❸ **认识整点。**

A．引导孩子发现钟面的三个共同点。

引导语：当分钟指在数字 12 时，时针指向哪里？

小结：分针指在数字 12，时针指向的位置不同，时针指向数字几就是几点钟。

B．用数字或文字的方式记录整点时间。

引导语：这是 8 点整，它可以用什么数字来表示？（出示时钟显示"8：00"的图片）请你把时间拨到 9（1～12 的其中一个数字）点整。一天有多少个小时？可以怎样记录？（如晚上 6：00，也可以说成 18：00，这样一看就知道是什么时间了）

小结：8 点整的记录方式有 8：00、20：00、8 点、八点等。

C．游戏，巩固对整点的认识。

● 游戏——修时钟。

玩法：观察钟面上显示的时间和记录的是否一样，如果不一样请进行修改。

● 游戏——拨时钟。

玩法：根据时间记录卡拨时钟，使时间相对应。

❹ **总结时钟与我们日常生活的关系。**

爸爸（妈妈）与孩子共同制作汇总表，让孩子记录爸爸（或妈妈）的一天活动。

A．设计孩子的一天：记录下孩子每个时间段的具体安排。（如早上 7：00 起床，8：00 上幼儿园，下午 17：00 回家，晚上 21：00 睡觉等）

B．学习用文字或图表的方式记录爸爸妈妈一天的活动。

爸爸妈妈的一天

人物	7：00	8：00	12：00	14：00	18：00	21：00
爸爸						
妈妈						

说明：当孩子不会写字时，可以以图画的形式来表示。如起床时画一张床，床上没人；吃早餐时，画一个碗；等等。

❺ 寻找时间，感受时间与人们的生活息息相关。

引导语：宝宝，还有哪些地方（或物品）有显示时间的？（如手机、电视机、手表等）现在是几点了？人们在做什么？古时候的人们又是怎么估算时间的？

❻ 动手做一做。

● 说一说。

小动物读得对吗？请你把错的读正确。

● 画一画。

请你按要求画上时针和分针。

7. 爸爸妈妈的一天（1）

- 连一连。

请你按照时钟的时间显示，用线把时间与对应的时钟连起来。

- 写一写。

请你用任意两种记录方式写出钟面上的时间。

_____   _____   _____
_____   _____   _____

活动反思：（你在实施这个课程中有何感想？）

8. 爸爸妈妈的一天（2）

活动目标

1. 认识半点的读法及记录方法，了解时针和分针的运转关系。
2. 学习设计一天的活动时间，感受合理分配时间给人们带来的好处。
3. 使孩子有初步的时间概念，知道要珍惜时间，强化孩子的时间观念。

活动准备

时钟、图表。

活动内容

1. 复习巩固对整点的认识。

引导语：（出示钟面）钟面上有几个数字？长针叫什么？短针叫什么？分针走一圈，时针走多少？

- 游戏——拨时钟报时。

玩法：家长拨时钟，孩子报时。如拨到 8 点，提问：现在是几点整？分针指在数字几？时针指在数字几？

2. 认识半点。

A. 认识时针、分针的位置，从其位置中知道时间。

引导语：（出示钟面，把时针指向 2 和 3 的中间，分针指向 6）时针指向 2 和 3 之间，分针指向 6，这是几点了呢？（2 点半）

小结：半点时，分针指在数字 6 上，时针指向两个数的中间（如指向 2 和 3 的中间，就是 2 点半）

B. 巩固半点的认识。

- 游戏——看钟面说时间。

家人随意调整钟面的时间,要求孩子说出来(如2点半、8点半、11点半)。

- 游戏——我说你做。

爸爸妈妈说一个半点的时间,要求孩子在钟面上调好。

- 游戏——学记录。

爸爸妈妈在钟面上调好一个半点的时间,要求孩子进行记录。

❸ 了解半点的记录方法。

引导语:宝宝,你能知道这是几点了吗?半点的显示(记录)方法有几种呢?(7点半、七点半、7:30、19:30)

❹ 区分整点与半点的不同。

引导语:(出示两个钟面)看看这是什么时间?两者之间的时针、分针有什么区别?

❺ 看看我们的时间安排。

爸爸(妈妈)与孩子共同制作汇总表,让孩子记录自己或家人一天的活动。

A. 记录我的一天:记录下孩子每个时间段的具体安排。(如早上7:30起床,8:30上幼儿园,下午17:30回家,晚上21:30睡觉等)

B. 记录爸妈的一天。学习用文字或图表的方式记录爸爸妈妈一天的活动。

爸爸、妈妈和我的一天

人物	7:00	8:00	12:00	14:00	18:00	21:00
我						
爸爸						
妈妈						

说明:当孩子不会写字时,可以以图画的形式来表示。如起床时画一张床,床上没人;吃早餐时,画一个碗;等等。

❻ 寻找时间,感受时间与人们的生活息息相关。

引导孩子查一查,还有哪些地方(或物品)有显示时间的?(如手机、电视机等)现在是几点了?人们在做什么?

7 动手做一做。
- 说一说。

看看哪个说错了，请把错的说正确。

   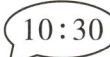

- 画一画。

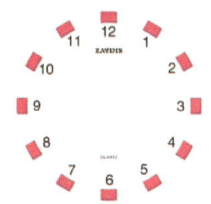   

12 点   3 点

   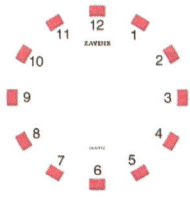

6:30   11:30

● 连一连。

5 点半      9:30

2:30      8 点半

8:30      5:30

9 点半      2 点半

● 写一写。

请你用任意两种记录方式写出钟面上的时间。

_____   _____   _____

活动反思：（你在实施这个课程中有何感想？）

9. 幼儿园的一天

活动目标

① 认识秒针以及分针的记录方法，学习记录一日各项活动的时间。
② 强化孩子的时间观念，培养孩子珍惜时间、遵守时间的观念。
③ 学习合理分配时间，利用最少的时间做更多的事情。

活动准备

时钟、图表。

活动内容

① 认识秒针。

A.（出示钟面）复习认识时针、分针。

引导语：这是什么针？走一圈表示什么意思？

B. 认识秒针，知道秒针走一圈就是一分钟。

引导语：钟面上除了时针、分针外，这是什么针？秒针走一圈是多长时间？三根针谁最长？谁最短？最长的是什么针？最短的是什么针？

② 区分整点、半点、分钟的读法及记录方法。

引导语：（出示三个钟面）这是几点了？时针、分针分别在什么地方？怎么记录？

小结：整点的记录方法（如8点整、8点、8：00、20：00）；半点的记录方法（如六点半、六点三十分、6：30、18：30）；分钟的记录方法（如七点三十五分、7：35、19：35）。

❸ 理解时、分、秒的转换关系。

引导语：（出示钟面）看看钟面上有多少个数字？每两个数字之间有几个格？（5个格）一共有多少个格？（60个格）每一格分别表示什么意思？（每一格表示一分钟）当秒针转一圈时，分针就会走一格；当分针走了60个格时，就是一个小时。

小结：1小时等于60分钟，1分钟等于60秒。

❹ 引导孩子记录幼儿园一日活动时间。

引导语：（出示钟面）早上什么时候上幼儿园的？中午几点睡觉？几点起床？你还在什么时间做些什么事？（如来园时间是7：45、早操时间是8：00等）

A．看一看，说一说并记录幼儿园一日活动时间，如7：45来园、8：00做早操、8：20吃早餐、9：10上课等。

时间									
活动	来园	早操	吃早餐	上课	游戏	午睡	起床	游戏	离园

B．好玩的一天。引导孩子设计周末一天的各项活动（8：00起床，8：30吃早餐，9：00和爸爸妈妈去爬山，11：30回家，12：45吃午饭，1：20午睡等），设计好了一定要按照计划进行。

时间						
活动	起床	吃早餐	爬山	回家	午餐	午睡

9. 幼儿园的一天

❺ 学唱歌曲《小时钟》，巩固对时间的理解。
❻ 动手做一做。

● 看一看，说一说。

这是几点了？你赶快告诉大家吧。

扫码学唱歌曲
《小时钟》

● 画一画。

请你在钟面画上时刻。

6：00　　　　　　　11：45　　　　　　　9：00

● 连一连。

这是几点了？它们在做什么呢？请你把图片和相对应的时间连起来。

12：00　　　　7：00　　　　9：30　　　　21：00

活动反思：（你在实施这个课程中有何感想？）

10. 一分钟

活动目标

1. 认识秒针,通过不同方式感受一分钟的长短,学会珍惜时间。
2. 引导孩子乐于参加体验活动,感知时间。
3. 知道要珍惜时间。

活动准备

1. 秒表、时钟若干。
2. 筷子、花生、珠子、皮球等若干。

活动内容

1. 复习巩固对时针、分针的认识。

引导语:宝宝,这是什么针?它走一圈表示多长时间?

2. 认识时钟,知道1分钟有60秒。

● 猜谜语,激发孩子的兴趣。

三条腿,兜圈走,一长一短一细小。(时钟)

● 认识秒针。

(出示时钟)认识秒针,知道秒针走一圈是60秒,即1分钟。

总结:60秒就是1分钟,1分钟等于60秒,秒针每跳动一次就是1秒。

3. 感受1分钟的长短。

● 游戏——感受静态时的1分钟木头人

玩法:玩"木头人"游戏,静静感受1分钟的

长短。引导语：说说这1分钟你有什么感觉，这1分钟你感觉是长还是短呢。

● 游戏——感受动态时的1分钟，玩老狼老狼几点钟。

玩法：玩"老狼老狼几点钟"的游戏，再次感受1分钟。

引导语：这1分钟你们又有什么感觉？这1分钟你感觉是长还是短？为什么同样是1分钟，感觉却不一样呢？

小结：同样是1分钟，每个人的感受是不一样的，有时候会觉得1分钟很长，有时候又会觉得1分钟很短。

❹ 猜猜1分钟能做哪些事情。

引导语：想一想，1分钟可以做些什么事情或者会发生哪些事。

❺ 体验活动：体验1分钟能做些什么。

● 游戏——夹东西/穿珠子/拍皮球。

玩法：用筷子夹花生，穿珠子，拍皮球等。检查1分钟可以夹到几颗花生，穿几颗珠子，拍几下球。

● 游戏——走一走。

玩法：体验1分钟能走（跑）多远的路。

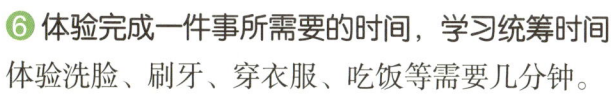

小结：1分钟不像我们想象的那样短，只要抓紧时间，我们1分钟也可以做很多事情；原来1分钟没有我们想象的那么长，1分钟是很短暂的，我们要珍惜每1分钟。

❻ 体验完成一件事所需要的时间，学习统筹时间。

体验洗脸、刷牙、穿衣服、吃饭等需要几分钟。

❼ 动手做一做。

● 填一填。

秒针每跳动一次就是1秒，用电子计算器计算后在（　　）里填上相对应的秒数。

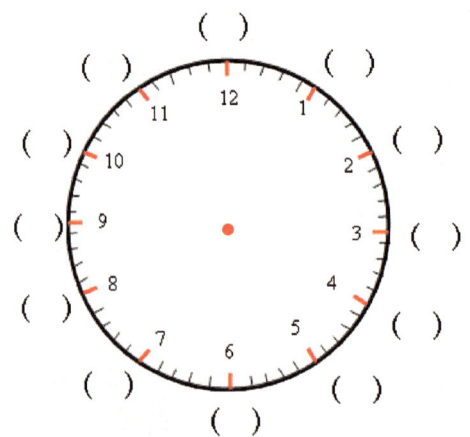

- 试一试。

分别用筷子来夹以下物品，试试每分钟可以夹多少个，哪些物品比较容易夹住，并说明原因。

活动反思：（你在实施这个课程中有何感想？）

11. 时间兄弟

活动目标

① 认识一天的各个时间段，知道不同的时间段可以进行不同的活动。
② 感知 12 小时制和 24 小时制的记录方法。
③ 养成按时作息，珍惜时间的好习惯。

活动准备

钟表一个。

活动内容

① 通过观察太阳位置，激发孩子对不同时间段的兴趣。

引导语：（刚升起来的太阳）宝宝，看看太阳在什么位置？现在你（或者他人）在做什么呢？在这之前（或之后）你会做什么呢？现在这个时间段可以叫什么？（早晨）其他时间段你（或者他人）在做什么？我们又把这个时间段叫什么？（上午、中午、下午、晚上、深夜、凌晨）

② 认识一天 7 个（早晨、上午、中午、下午、晚上、深夜、凌晨）时间段的分配及记录方法。

引导语：宝宝，早晨、上午、中午、下午、晚上、深夜、凌晨是几点至几点？是怎么记录的？

小结：一天可以分七个时间段（早晨、上午、中午、下午、晚上、深夜、凌晨）。早晨指 5—8 点（5:00—8:00）；上午指 8—12 点（8:00—12:00）；中午指 12—14 点（12:00—14:00）；下午指 14—18 点（14:00—18:00）；晚上指 18—22 点（18:00—22:00）；深夜指 22—24 点（22:00—24:00）；凌晨指 0—5 点（24:00—5:00）。

❸ 了解人一天作息时间的安排。

引导语：宝宝，你每天是几点钟起床？几点钟上幼儿园？妈妈几点钟上班？这个时间段叫什么？（早上）这个时间段我们应该做些什么？

❹ 了解 12 小时制与 24 小时制的关系。

引导语：宝宝，我们来算一算，一天有多少个小时？（出示钟面）你们看看，钟面上显示的数字是几到几？13:00 点在哪？分别与钟面上的什么数字相对应？

小结：12 小时制是把一日 24 小时分为两个时段，分别为上午（a.m.，表示中午之前）和下午（p.m.，表示中午之后）。每个时段由 12 个小时构成，上午时段由午夜至中午，而下午时段由中午至午夜。

24 小时制，是把每日由午夜至午夜分为 24 个小时，从数字 0 至 23（24 是每日完结的午夜）。24 小时制是国际标准时间系统（国际标准 8601），是现今全世界最常用的。

❺ 找找时间。

引导孩子找一找生活中有显示时间的地方。

❻ 学唱歌曲《时间像小马车》，进一步巩固对时间的理解。

❼ 动手做一做。

● 看一看，说一说。

下面钟表上的指针对吗？请把错误的画正确。

扫码学唱歌曲《时间像小马车》

10:10

15:00

22:30

11. 时间兄弟

● 连一连。
请你把时间和相对应的钟表连起来。

17:30		6:10
12:40		13:15
18:10		5点半
1:15		0:40

● 画一画。
请你在时钟上画上相对应的时刻。

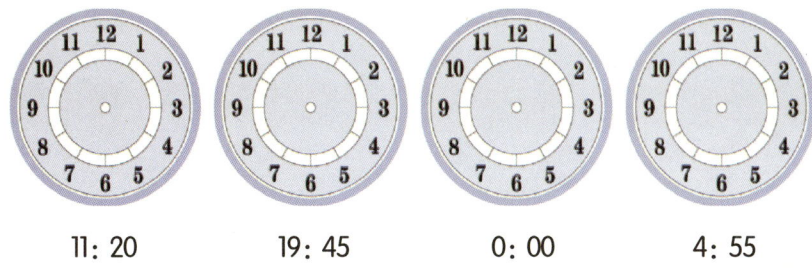

11:20　　19:45　　0:00　　4:55

● 排一排。
请你按时间排列顺序在（　）里写上序号。

0:15 → 5:23 → 13:00 → 15:00

（　）　　（　）　　（　）　　（　）

活动反思：（你在实施这个课程中有何感想？）

12. 我知道的路

活动目标

❶ 认识各种路（高速路、国道、省道、县道、高铁、地铁）的标志、作用和意义。
❷ 学习观察路程的距离及各种相关的标志。
❸ 强化孩子的安全意识。

活动准备

路标图片若干。

活动内容

❶ 说说我去过的地方。

引导孩子说一说他们去过什么地方，怎么去的，（坐大巴、自驾车、坐高铁、坐地铁）开车时走的是什么路，坐高铁走的是什么路，这些路是什么样的，有什么样的感觉。

❷ 说说路边的数字和标志，知道它们所表示的意义。

引导孩子说一说各种路的路边各有什么样的数字、标志，这些数字、标志各表示什么意思，你知道这条路有多长吗，从哪里看出来，这条路允许的

最快和最慢的速度分别是多少，为什么要这样做，开车或走在路上时要注意什么问题。

小结：我国道路按其行政等级主要分为国道（含国道主干线）、省道、县道三级，由国、省、县三字汉语拼音首字母 G、S、X 作为它们各自相应的标识符，标识符加数字组成编号。

❸ 学习用心算或计算器计算里程（学习加减法）。

引导语：之前显示到某个地点是 20 千米，现在显示还有 15 千米才到达目的地，那我们走了多少千米？用什么方法计算？我们还可以从哪里看出来我们走了多远？（千米表）

❹ 保护交通设施，感受交通与人们生活息息相关的关系。

引导孩子讨论：路对人们的生活有什么作用？如果没有了路，将会是一个什么样的状况？我们要怎样保护路桥建设？

❺ 设计未来的出行工具，感受高科技给人们带来的好处。

引导孩子讨论：我们出行时还可以使用哪些交通工具？（飞机、轮船、地铁、火车）未来的路又会是什么样的？

❻ 动手做一做。

● 看一看，说一说。

这些是什么标志？字或图案是什么颜色的？表示什么意思？

12. 我知道的路

● 连一连。

请你把交通工具与相对应的标志连起来。

　　　　　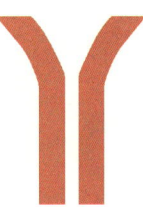

活动反思：（你在实施这个课程中有何感想？）

13. 会说话的车牌

活动目标

❶ 了解车牌产生的方式，知道车牌号数字和颜色不同代表不同的意思。
❷ 简单了解交通法规，强化孩子的安全意识。
❸ 认识本地及省内各地的车牌标志。

活动准备

各种车的图片。

活动内容

❶ 观察自家的车，发现其特点。

引导语：我们家的车牌是什么？如果在停车场，我们如何找到自己的车？

小结：每一辆车都有一个不一样的车牌号码，即使是相同品牌并且相同颜色的汽车，我们只要看车牌号码就可以分辨。

❷ 发现车牌及车牌号码的特点，认识广东各个地市的车牌。

引导语：车牌最前面有一个什么汉字和字母？表示什么意思？车牌由什么组成的？一共有多少个数字或英文字母？你怎么知道这辆车是哪里的车？（如粤B是指深圳的车，粤C是指珠海的车）你还知道广东其他地市的车牌吗？车牌安装在车辆的什么地方？

小结：车牌是由数字和字母组合成的，共5个，前面的"粤"字代表广东省，字母"K"代表茂名市，省内不同的地级市用不同的字母表示，如"粤A"代表广州市，"粤C"代表珠海市等，"京A"代表北京市等。

广东各地区的车牌标志：

A 广州市　B 深圳市　C 珠海市　D 汕头市　E 佛山市　F 韶关市
G 湛江市　H 肇庆市　J 江门市　K 茂名市　L 惠州市　M 梅州市

N 汕尾市　P 河源市　Q 阳江市　R 清远市　S 东莞市　T 中山市
U 潮州市　V 揭阳市　W 云浮市　X 顺德区　Y 南海区
Z 香港和澳门进入内地车辆

❸ 发现车牌颜色的秘密。

引导语：这是什么车？是什么地区的？车牌号码是多少？它的车牌底色是什么颜色的？其他车牌的底色又是什么颜色的？

小结：

（1）新能源汽车专用号牌：绿底黑字黑框线，新能源汽车号牌为渐变绿色，大型新能源汽车号牌为黄绿双拼色。

（2）大型汽车号牌：黄底黑字黑框线。中型（含）以上载客、载货汽车和专项作业车；半挂牵引车；电车。

（3）挂车号牌：黄底黑字黑框。全挂车和不与牵引车固定使用的半挂车。

（4）小型汽车号牌：蓝底白字白框线。中型以下载客、载货汽车和专项作业车。

（5）使馆、领馆汽车号牌：黑底白字，红"使""领"字，白框线。驻华使馆、领馆汽车。

（6）港澳入出境车号牌：黑底白字，白"港""澳"字，白框线。港澳地区入出内地的汽车。

（7）教练车号牌：黄底黑字，黑"学"字。黑框线。教练用汽车。

（8）警车号牌：白底黑字，红"警"字。黑框线。警车类汽车。

❹ 了解交通安全的基本知识，强化孩子的安全意识。

引导语：这是什么线？时速多少千米？超速吗？从哪里可以看出来？爸爸妈妈开车的时候要注意什么问题？

小结：开车时按线路行驶、不超速，红灯停、绿灯行。

❺ 学习儿歌《车牌歌》，巩固对广东各地市车牌的了解。

车牌歌

揭阳喂（V），湛江鸡（G）；中山踢（T），阳江球（Q）；
珠海洗（C），汕尾银（N）；茂名揸（K），潮州油（U）；
东莞爱死（S），江门姐（J）；惠州爱搂（L），佛山姨（E）；
韶关爱抚（F），汕头弟（D）；梅州爱摸（M），深圳鼻（B）；
清远阿儿（R），广州爱（A）；只是云浮大不留（W）。

❻ 动手做一做。

● 看一看，说一说。

请你说说这是哪个地方的车牌。

● 连一连。

请你把广东各个城市的车牌标志与城市名称连起来。

13. 会说话的车牌

● 做一做。

请你用下列数字或字母设计广东车牌。

A B C D E F G H I J K L M N O P Q R S T
U V W X Y Z
0 1 2 3 4 5 6 7 8 9

粤	粤	粤
粤	粤	粤

活动反思：（你在实施这个课程中有何感想？）

14. 温度计

活动目标

❶ 认识常见的温度计及表示温度的符号℃，帮助孩子获取温度计指示温度的简单知识。

❷ 知道人体的正常温度，激发孩子对温度测量的兴趣，培养孩子的探索精神。

❸ 初步掌握正确使用温度计测量及记录的简单技能。

活动准备

电子体温计和水银体温计、水温计、气温计。

活动内容

❶ 认识温度计的基本构造。

引导语：（出示水银体温计）你知道这是什么吗？你知道温度计里的红柱子和数字是干什么用的吗？温度用什么符号来表示？人体的温度一般是多少度？超过或低于多少度就是生病了？

小结：体温计一般是由玻璃管子、水银柱、数字等构成，红柱子指到的数字就是温度。表示温度的符号是℃。人体正常的温度是37.3℃，高于37.3℃低于38℃表示低烧，达到39℃表示高烧。高烧会给人的大脑及其他器官造成很大的损害。

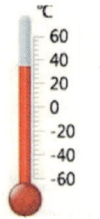 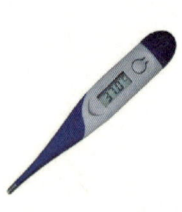   

❷ 认识其他温度计（水温计、气温计），并知道其作用。

引导语：（出示水温计、气温计）怎么样才能知道水的温度？多少度的水才能喝？今天天气是冷还是热？我们从哪里可以知道？为什么室内温度高于室外温度？

❸ 量一量，学习使用温度计。

引导语：怎么测量体温（室内外气温、水温）的？你来当小医生，帮我们测量一下体温吧，看看我们几个人的体温是几度。

❹ 了解体温、气温、水温与人们的关系。

思考与讨论：人体的体温、水的温度、天气的温度与人们有什么样的关系？

❺ 寻找生活中的温度计，知道其与人们的生活息息相关。

引导语：还可以从哪些地方知道温度？（天气预报、电热水煲、空调）

❻ 动手做一做。

• 读一读，写一写。

请你读一读温度计上的温度显示，并把它写下来。

( )　　　　　　( )　　　　　　( )

• 连一连。

请你把图片与相对应的温度连起来吧。

29℃　　　39.5℃　　　17℃　　　−5℃

14. 温度计　53

- 画一画。

请你用红色的水彩笔按文字所示温度在温度计上涂上颜色。

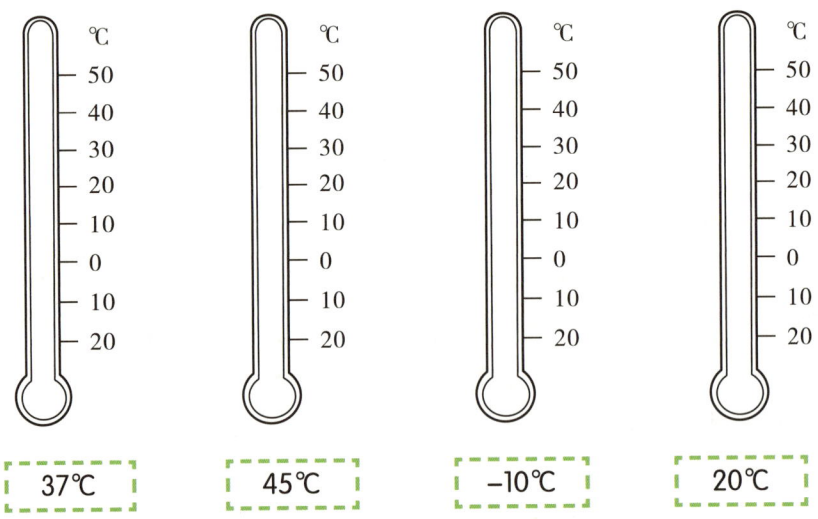

- 测一测。

请你倒一杯开水,在不同的时间段测量一下水的温度,看看有什么变化。

序号	时间	温度	序号	时间	温度
1	9:25	98℃	3		
2			4		

活动反思:(你在实施这个课程中有何感想?)

15. 时间对比表

活动目标

1. 知道幼儿园、小学和成人工作的不同时间表。
2. 通过比较幼儿园与小学的不同作息时间，了解小学生的学习情况。
3. 培养孩子良好的作息习惯。

活动准备

幼儿园、小学的学习时间表和成人的工作时间表等。

活动内容

1. 通过认识医生、警察的工作性质，初步了解不同人群工作与休息的不同时间。

   引导语：如果有人半夜生病了，怎么办？这么晚了为什么医院里还有医生上班呢？警察晚上还上班吗？为什么？你知道妈妈是几点钟起床吗？还有哪些人比妈妈更早起床的？

2. 通过对幼儿园、小学和成人作息时间的比较，了解小学生的学习情况。

   引导语：（出示3张不同的作息时间表）从这个表上能看出他们分别是几点起床？几点上学（上班）？他们之间有什么区别呢？小学生与幼儿园的时间表有哪些不同的地方？为什么？小学生的学习与幼儿园有哪些不同？

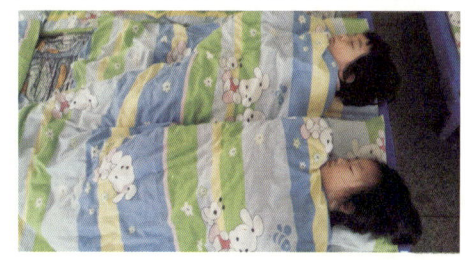

幼儿园作息时间表

序号	时间	内容
1	7:00—8:00	起床、回幼儿园
2	8:00—8:20	早操
3	8:20—9:10	早餐
4	9:10—11:00	上课、户外活动
5	11:00—12:00	午餐
6	12:00—14:45	午睡
7	14:45—16:45	上课、户外活动
8	16:45—17:30	回家
9	17:30—21:00	玩耍、看电视等
10	21:00—7:00	睡觉

小学作息时间表

序号	时间	内容
1	7:00—7:30	起床、回校
2	7:30—8:00	早读
3	8:00—8:15	早操
4	8:15—11:00	上课
5	11:00—14:30	放学、午餐、午睡
6	14:30—17:00	上课
7	17:00—21:30	吃饭、做作业、玩耍
8	21:30—7:00	睡觉

15. 时间对比表

妈妈的作息时间表

序号	时间	内容
1	6：30—7：00	起床、煮早餐
2	7：00—7：30	送孩子上学
3	7：30—8：20	买菜
4	8：20—8：30	上班途中
5	8：30—12：00	上班
6	12：00—14：30	煮饭、午睡、送孩子上学
7	14：30—17：30	上班
8	17：30—22：00	做家务

❸ 知道不同的人每个时间段的工作（学习、生活）是不一样的，学习计算各个时间段的总时间。

引导语：（出示钟面）早上起床时，我们要做哪些事情？（自己穿衣服、刷牙、洗脸等）要用多长时间？你是怎么算出来的？

再引导孩子算一算自己家人做某一项工作需要的时间。

❹ 学习合理分配、利用时间。

讨论：怎样利用最少的时间完成多项工作？（如刷牙、洗脸、穿衣服，我们应先做哪项，再做哪项，为什么？）

活动反思：（你在实施这个课程中有何感想？）

16. 认符号

活动目标

1. 知道加减法的含义,初步感知"+""-""="和数字在算式中的意义。
2. 学习计算 10 以内的加减法。
3. 培养孩子对数学的兴趣。

活动准备

1. "+""-""="等符号的图片卡。
2. 1~10 的数字卡。
3. 生活用品或其他物品若干。

活动内容

1. 复习 3 以内数的分解组成。

引导孩子复习 3 以内数的组成。如 1 和 2 合起来是 3,2 和 1 合起来是 3;3 可以分成 1 和 2,也可以分成 2 和 1。

2. 学习"+""-""="符号的含义及在算式中所在的位置。

引导语:引导孩子讨论怎样用数字和符号表示 1 和 2 合起来是 3,或 3 可以分成 1 和 2。(出示"+""-""="符号)你看这个像什么?有什么特征?它的名字叫什么?有什么作用?

合起来是什么意思?应该用哪个符号来表示?分成是什么意思?应该用哪个符号来表示?看看左边两个数相加或相减的结果和右边的数字相比,结果怎么样?用什么符号来表示两个数一样多?

16. 认符号

小结：

"+"表示两个数相加的一种运算。

"−"表示从一个数减去另一个数的一种运算。

"="表示左边的两个数相加或相减后得出的数和右边的数一样多。

❸ 巩固对"+""−""="符号的正确运用，初步学习编应用题。

引导用物品、数字、符号摆放加减法算式，注意观察符号的位置。如将爸爸、妈妈和自己的水杯摆在桌子上，根据这些水杯，列出 1+1=2、1+2=3、2+1=3、3−1=2、3−2=1 等算式，并用较完整的语句描述这几个算式题。

❹ 学习口头编应用题。

家人出示算式，引导孩子编应用题；家人编应用题，孩子出示算式。

❺ 动手做一做。

• 填一填。

请你把相对应的符号填在 ◯ 里。

1 ◯ 3=4　　6−3 ◯ 3　　10 ◯ 8=2　　7+2 ◯ 9

5 ◯ 3=2　　6+4 ◯ 10　　3 ◯ 4=7　　2 ◯ 6 ◯ 8

• 看图列式。

[ ] + [ ] = [ ]　　　　[ ] − [ ] = [ ]

[ ] + [ ] = [ ]　　　　[ ] − [ ] = [ ]

[ ] + [ ] = [ ]　　　　[ ] − [ ] = [ ]

[ ] + [ ] = [ ]　　　　[ ] − [ ] = [ ]

- 填一填。

( )+3=7　　　5+( )=9　　　10-8=( )　　　9-9=( )

6-2=( )　　　3+3=( )　　　5-4=( )　　　7+3=( )

活动反思：（你在实施这个课程中有何感想？）

17. 我身边的价格

活动目标

❶ 学习认读各种商品的价格，初步感知重量的转换关系。
❷ 通过心算或电子计算器计算商品的总价格，巩固对心算的运用或使用电子计算器的熟练度等。
❸ 培养孩子正确的理财观念。

活动准备

❶ 不同面值的人民币。
❷ 价格标签纸若干。

活动内容

❶ 寻找、认识价格。

带领孩子在超市里寻找价格，引导孩子观察价格的书写特点，了解价格通常都是用数字表示的，有单位"元"，让孩子在认识价格中认识小数点。知道有的物品是以个（包、斤）等为单位的。

❷ 初步学习理解千克、克和斤之间的转换关系。

带领孩子观察物品的标价（或标重）方式，知道有的是以千克、克、斤来进行标价（或标重）的，以及知道 1 千克 =2 斤、1 斤 =500 克的转换关系。

❸ 学习运用心算或计算器计算商品的总价格。

引导语：（引导孩子根据需要进行购物）你想买些什么？为什么？它的价格是多少？一共需要多少钱？怎样算出来的？应找回多少钱？

❹ 学习合理的理财观念。

讨论：你的零花钱是怎样使用的？如果你有10块钱，你会怎样使用？

❺ 动手做一做。

● 看一看，读一读。

你会看这些价格吗？请你说说是多少钱。

17. 我身边的价格

● 写一写。

请你为这些商品标上价格吧。

● 算一算。

算一算，若每样商品各买一斤，几样商品的总价是多少。

活动反思：（你在实施这个课程中有何感想？）

18. 大嘴巴和小嘴巴

活动目标

1. 认识">""<"符号，初步理解不等式的含义。
2. 比较">""<"的形象特点，记住这两个符号开口的方向。
3. 培养幼儿思维的灵活性和可逆性。

活动准备

1. ">""<"符号卡和1~10数字卡若干。
2. 各种物品若干。

活动内容

1. 感受大小之间的区别。

引导语：（出示大小差距较大的汤匙）这是什么？你看看哪个汤匙能放进你的嘴巴？为什么？找找家里的物品看看哪个大？哪个小？（如电视机大，手机小等）

2. 感知数量的多与少。

引导语：（出示各种物品）这是什么？有几个？可以用什么数字来表示？两种物品比较，哪种多哪种少？

3. 认读">""<"，初步感知不等式。
- 认读">""<"。

引导语：（出示鲨鱼卡片）看看这条鱼的嘴巴是

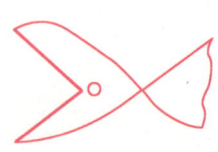

什么样？（出示一条小鱼卡片）看看这条小鱼的嘴巴是什么样？（出示">""<"）看看哪个像鲨鱼的嘴巴？哪个像小鱼的嘴巴？这个大嘴巴还有一个名字叫"大于号"，小嘴巴还有一个名字叫"小于号"。

● 感知大于号和小于号的作用和意义。

引导语：（出示">""<"）这两个符号有什么特点？（一个大口在前，一个大口在后）我们一起来学习儿歌《大于号和小于号》吧。大（小）口"吃"的是什么数字？（大数、小数）你看，大于号长什么样子的？你能用你的身体动作来学学它的样子吗？（引导孩子运用肢体动作记忆）3只比1只多，所以3比1多，也比1大，我们可以在3和1之间放上一个符号，这样我们就能一眼看出来了。为什么要放这个符号呢？这是什么符号？3>1怎么读？（3大于1）

大于号和小于号

大于号，大于号，带着兄弟来报道，
大口在前是大于号，尖尖在前是小于号，
大于号小于号，嘴巴朝着大数笑。

● 看看嘴巴对不对。

出示若干组数字（两个数字为一组），引导孩子把大于号或小于号放在适当的位置上。

❹ 动手做一做。

● 圈一圈。

请把大的数圈起来。

4>3	5<6	10>6	9>8
9>8	5>3	4<7	0<1

● 填一填。

请在 ◯ 里填上">""<"或"="。

5 ◯ 3   4 ◯ 6   8 ◯ 2   7 ◯ 7   6 ◯ 3
10 ◯ 8   2 ◯ 6   3 ◯ 3   5 ◯ 10   4 ◯ 7

- 算一算，填一填。

请你先把式子算一算答案，再在 ◯ 填上 ">" "<" 或 "="。

9－2 ◯ 10－9　　　5＋5 ◯ 5＋2　　　9－4 ◯ 8＋1

2－1 ◯ 4＋6　　　2＋7 ◯ 9－5　　　3＋3 ◯ 8－2

- 变一变。

用 ">" "<" 能变出什么来？请你把它画出来吧。

活动反思：（你在实施这个课程中有何感想？）

19. 爸爸妈妈的结婚证

活动目标

1. 初步知道结婚证的意义，认识证件上的数字所表示的意思。
2. 学习运用电子计算器计算父母的年龄和婚龄等。
3. 教育孩子尊敬父母、老人，养成尊老爱幼的良好品德。

活动准备

结婚证及各种证件。

活动内容

1. 认识结婚证。

引导语：（出示结婚证）这是什么证件？相片上的两个人是谁？表示什么意思？爸爸妈妈什么时候结婚的？爸爸妈妈是什么时候出生的？结婚证字号表示什么意思？这些数字会与其他人的结婚证字号相同吗？为什么？

2. 学习用计算器进行加减法运算。

引导语：爸爸妈妈结婚时多大了？爸爸和妈妈相差几岁？爸爸妈妈结婚

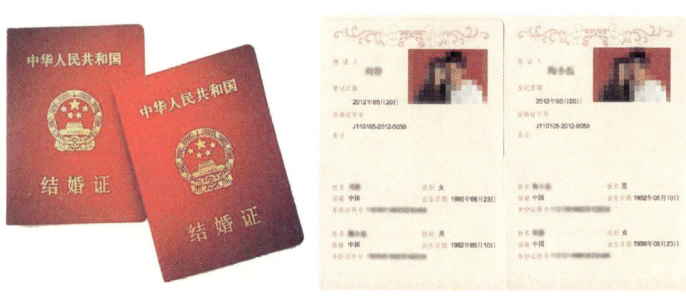

几年了？用什么方法可以算出来？

❸ 养成尊老爱幼的良好品德。

爸爸妈妈养我们这么辛苦，我们应该怎么做？还有爷爷奶奶外公外婆，他们把爸爸和妈妈养大，也很辛苦，我们应该怎么样做呢？

❹ 认识生活中其他证的意义和作用。

引导语：生活中还有什么证？这些证有什么作用？这些证有什么相同的或不同的地方？

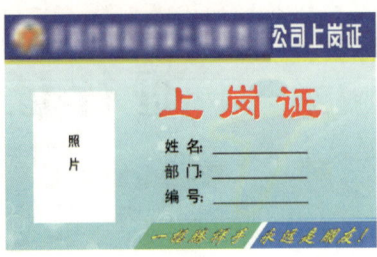 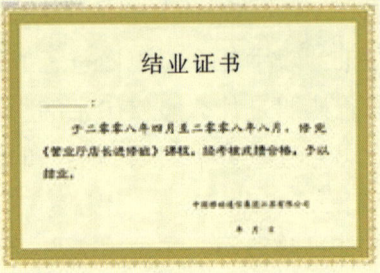

活动反思：（你在实施这个课程中有何感想？）

20. 我的身份证

活动目标

❶ 知道身份证是表示一个人基本信息的有效证件之一，没有两个相同的身份证号码。

❷ 初步感知从身份证上读懂一个人的基本信息。

❸ 教育孩子不要把身份证随便借给他人或泄漏身份证信息，学会自我保护。

活动准备

家人的身份证。

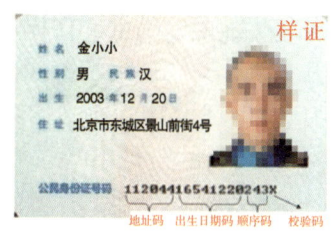

活动内容

❶ 猜谜语，激发孩子认识身份证的兴趣。

谜语：小小一张卡，藏的东西可多了，你叫什么名字，你住在哪里，你今年多大，哈哈哈，它都会告诉你啦。（身份证）

❷ 认识身份证上所包含的信息，学习运用心算（或计算器）计算一个人的年龄。

引导语：（出示孩子或家人的身份证）这是谁的身份证？从哪里可以看出来？（相片）你知道他（她）叫什么名字吗？是哪个民族的？什么时候出生的？今年多大了？可以怎样算出它的年龄？（可以引导心算或用计算器计算出年龄）身份证号码中的数字分别表示什么意思？

小结：

地址码（身份证号码前6位）表示编码对象常住户口所在县（市、镇、区）的行政区划代码。第1~2位数字是省、自治区、直辖市代码；第3~4

位数字是地级市、自治州代码；第5~6位数字是县、县级市、区代码。

生日日期码（身份证号码第7位到第14位）表示编码对象出生的年、月、日，其中年份用4位数字表示，年、月、日之间不用分隔符。例如：1981年05月11日就用"19810511"表示。

顺序码（身份证号码第15位到17位）地址码所标识的区域范围内，对同年、月、日出生的人员编定的顺序号。其中第17位奇数分给男性，偶数分给女性。

校验码（身份证号码最后1位）是根据前面17位数字码，按照ISO 7064：1983.MOD 11-2校验码计算出来的检验码。作为尾号的校验码，是由号码编制单位按统一的公式计算出来的，如果某人身份证的尾号校验码是0~9，则不会出现"X"，但如果尾号是"10"，那么就得用"X"来代替了，因为如果用"10"做尾号，那么此人的身份证就变成了19位，19位的号码违反了国家标准，并且中国的计算机应用系统也不承认19位的身份证号码。"X"是罗马数字的10，用"X"来代替10，可以保证公民的身份证号码符合国家标准。

❸ 说说身份证的作用，如何保护好个人信息。

讨论：有哪些地方或哪些事要用到身份证的？（购买火车票、飞机票，酒店住宿，办理银行卡，取款等）当你的身份证不见了或给别人拿走了怎么办？会有什么样的后果？

❹ 动手做一做。

● 找一找。

请你从身份证号码里找出其出生年月。

440923196502282222　　　　003258201210260123
（出生日期：　　　）　　（出生日期：　　　）
251460198412290147　　　　45846219980106503X
（出生日期：　　　）　　（出生日期：　　　）

活动反思：（你在实施这个课程中有何感想？）

21. 我的出生日期

活动目标

❶ 知道自己及家人的出生日期和时间。
❷ 了解日期的不同书写方式，学习运用计算器计算一个人的年龄。
❸ 感受父母养育孩子的辛苦，培养孩子孝顺的美德。

活动准备

出生证、户口簿等。

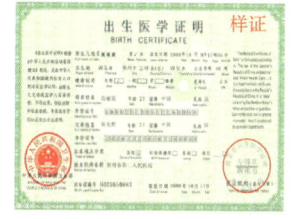

活动内容

❶ 学唱歌曲《生日快乐》，引导孩子思考从哪里可以知道一个人的出生日期。

引导语：今天是几月几日？你知道你是几年几月几日出生的吗？从哪里可以知道爸爸妈妈或爷爷奶奶的出生日期？他们的生日是哪一天？（出示身份证、户口簿、出生证等）

扫码学唱歌曲
《生日快乐》

❷ 巩固对出生日期及其他信息的认识。
● 认知出生证上所显示的信息。

引导语：（出示出生证）这是谁的出生证？叫什么名字？几年几月几日几时几分出生的？2010.5.6　10：30（2010年5月6日10时30分）表示什么意思？身高、体重是多少？出生证编号和其他人的一样吗？为什么？这个证是哪年哪月哪日发的？爸爸妈妈叫什么名字？你出生的那年爸爸妈妈几岁了？从哪里可以看出来？出生证有什么作用？

● 认知户口簿上所显示的信息。

引导语：（出示户口簿）这是什么？第一页表示什么？什么叫户主？后

面登记的人与户主是什么关系？从哪里可以看出来？户主是男的还是女的？年龄多大了？家住在哪里？什么叫已婚（未婚）？出生地是什么意思？籍贯是什么意思？

- 认识身份证所显示的信息。

引导语：（出示身份证）这是什么证件？从这上面可以知道一些什么内容？（姓名、性别、出生年月、住址等）它有什么作用？

❸ **用计算器计算一个人的年龄。**

引导语：我们能从这些证件上看出一个人的年龄吗？用什么方法来计算？

❹ **动手做一做。**

- 读一读，连一连。

请你把这些日期读出来，并把相同意思的日期连起来。

| 2018.3.12 | 2020.3.20 |

| 二〇二〇年五月二十日 | 二〇一八年三月十二日 |

| 二〇二〇年三月二十日 | 2020.5.20 |

- 算一算。

请你算一算，他们今年是几岁。

2015年3月22日出生

（　　）岁

2013年12月12日出生

（　　）岁

21. 我的出生日期

活动反思：（你在实施这个课程中有何感想？）

22. 认识星期

活动目标

1. 复习巩固1~7的序数、2~6的邻数，认读一到六、日的汉字。
2. 认识星期，了解其顺序性、周期性，初步具有"星期"概念。
3. 激发孩子对时间的兴趣，积极、主动地参与学习活动。

活动准备

1. 日历一本。
2. 星期日到星期六的卡片7张。
3. 一、二、三、四、五、六、日的汉字卡片。

活动内容

1. 复习巩固1~7的序数及2~6的邻数。

妈妈随意说出2~6中的其中一个数字，引导孩子说出其相邻数。

2. 学习数字1~7与汉字一至六、日的一一对应。

● 游戏——找朋友。

把数字1~7与汉字一至六、日对应排列在一起。

3. 听故事《星期妈妈和孩子们》，理解一个星期的天数及排列顺序。

引导语：星期妈妈一共生了几个孩子？星期妈妈分别想给孩子起个什么样的名字？这些名字怎么样？哪两个孩子穿红色的衣服？为什么？星期一至星期五长得怎么样？穿什么衣服？星期七改成了什么名字？谁排在

扫码听故事
《星期妈妈和孩子们》

第一？为什么？

❹ 认读汉字：星期一、星期二、星期三、星期四、星期五、星期六、星期日。

❺ 巩固理解一个星期的顺序排列。

● 游戏——排队。

引导语：星期宝宝准备排队去逛街了，请你当老师，让星期宝宝从小到大排队吧。（引导孩子把一个星期的顺序排出来）

● 游戏——找邻居。

引导孩子念诗歌，诗歌念完后，随意说出星期几，让孩子找出它的邻居。

如：星期日的好邻居是谁？

（诗歌：星期一、星期二、星期三、星期四、星期五、星期六、星期日，七个娃娃在一起，快快乐乐做游戏，游戏的名字叫"找邻居"）

突出强调：星期日的邻居是星期一和星期六。（意在突破星期的周期性这一难点，让孩子具有明确的周期意识，即一个星期有七天，一个星期结束后下一个星期又开始了）

❻ 理解工作日与休息日的区别。

讨论：我们上课（或上班）是从星期一到星期几？为什么星期六、星期日不用上课？（星期一至星期五是工作日，星期六和星期日是休息日）工作日、休息日分别要做些什么？有哪些人在休息日还要工作的？为什么？

扫码学唱歌曲
《星期歌》

❼ 学唱歌曲《星期歌》，巩固对星期的认识。

❽ 说一说。

说说今天（昨天或者某一天）是星期几，从哪里可以看出来，发生了什么事，明天又是星期几，你想做些什么。

❾ 动手做一做。

● 说一说。

A．昨天是星期二，今天是星期几？后天呢？

B．一周的第一天是星期几？

C．星期三的前一天是星期几？

D．今天是星期一，请问昨天是星期几？

● 填一填。

请在 ▭ 里填上正确的日期。

星期日　星期▭　　星期▭　　星期三　星期四　星期▭　星期▭

● 找一找。

今天是星期几？看看每天都吃些什么？

活动反思：（你在实施这个课程中有何感想？）

23. 认识日历

活动目标

❶ 初步理解年、月、日的概念，感知年、月、日之间的关系。了解日历的主要内容并学会看日历。
❷ 初步了解日历的概念和作用。
❸ 体验日历在生活中的用处。

活动准备

各种日历、台历等。

活动内容

扫码听故事
《日历的故事》

❶ 听故事《日历的故事》，激发孩子的学习兴趣。

家长完整地讲述故事后，问：我们家有日历吗？你见过什么样的日历？

小结：日历有各式各样的，有挂墙上的挂历，有放在桌子上的台历。

❷ 认识日历，了解年、月、日、星期等。

A．认识年、月、日。

引导语：（出示本年度的日历）日历有什么？这些数字表示什么意思？一年有几个月？从哪里可以看出来？看看每个月的天数是几天？一样吗？

（出示天数统计表）把相对应的月份数字填上，观察其特点。

天数	月份
31	
30	
28	

小结：日历就像一个"年"妈妈在照顾她的孩子们。"年"妈妈每年从1月的房子里开始照顾"1日""2日""3日"……一直照顾到"31日"，然后再到2月的房子里照顾"1日""2日""3日"……一直照顾到"28日"（闰年29日），再到3月的房子里……就这样不停地照顾她的每一个孩子，等她照顾到12月"31日"的时候，又返回到1月的房子里开始照顾"1日""2日""3日"……从1月"1日"照顾到12月"31日"，这就满一年了！一年有12个月，其中一个月是31天的月份有1月、3月、5月、7月、8月、10月、12月；一个月是30天的月份有4月、6月、9月、11月；一个月是28天的月份是2月（但闰年就有29天）。

B. 了解一个星期有7天。

引导语：每个月都有自己的好朋友，他们的好朋友是谁呢？（是星期。它们是星期日、星期一、星期二、星期三、星期四、星期五、星期六）。他们一共有几个好朋友呀？（7个好朋友）也就是说一个星期有7天。

❸ 巩固对日历的认识。

● 游戏——找日历做朋友。

玩法：出示本年度或其他年度的日历，根据要求找出某年某月某日。说说你先找什么再找什么。

● 游戏——找星期做朋友。

玩法：出示本年度或其他年度的日历，查查今天是星期几，2020年国庆节是星期几，2020年5月1日是星期几，2020年2月第二个星期六是几号。

● 游戏——查一查我（家人）的出生日期

玩法：查一查自己或家人是哪年哪月哪日出生的，是星期几，今年几岁了。

❹ 了解休息日、工作日和节假日，知道其意思。

引导语：（出示日历）这些数字是什么颜色？表示什么意思？

小结：星期六、星期日和节假日的字体都是红色的，表示不用上学、上班，在家好好休息或进行其他活动。

❺ 说说日历的用途。

引导语：日历有什么用途？日历上除了显示日期和星期外，还显示了什么？

❻ 动手做一做。

● 算一算。

算一算，这些小动物的生日是什么时候？

小猫的生日是 ☐ 月 ☐ 日　　大象的生日是 ☐ 月 ☐ 日

小老虎的生日是 ☐ 月 ☐ 日　　小鲨鱼的生日是 ☐ 月 ☐ 日

● 找一找。

请你把下面要填的未知信息找出来并填在 ☐ 里。

A．这周星期一是 ☐ 月 ☐ 日。

B．上个月 10 日是星期 ☐ 。

C．这个月有 ☐ 个穿红衣服的星期宝宝。

活动反思：（你在实施这个课程中有何感想？）

24. 加油站里的秘密

活动目标

❶ 认识油的种类（柴油、汽油）、型号、价格，尝试运用计算器进行油价计算。
❷ 初步学习认识小数点所表示的意思。
❸ 认识加油站、安全提示等标志，培养孩子的安全意识。

活动准备

❶ 手机或电子计算器。
❷ 汽油、柴油型号、价格的卡片。

活动内容

❶ 认识汽车的作用，知道汽车的燃油名称。

引导语：宝宝，汽车怎样才能开得动？（要加汽油或者柴油，现在也有的车是充电的）要到什么地方加油呢？有什么种类的油？

❷ 了解加油站的功能。

A. 认识加油站的标志。

引导语：这是什么地方？从哪里可以看出来？这是什么标示？

B．认识油的种类和型号。

引导语：油的种类有哪些？（柴油、汽油）你知道有哪几种型号的汽油吗？从哪里可以看出来？这些数字表示什么意思？我们要加哪一号的油？

C．认识加油的环节。

引导语：我们把车开到加油站，怎么样才能加到油呢？（熄火—打开油箱盖—把油枪放进加油口—加油—放好油枪—盖上油箱盖）加了几号的油？加了多少升油？多少钱一升？一共多少钱？从哪里可以看出来？这些数字分别表示什么意思？你还发现哪些数字？分别表示什么意思？

❸ 认识元、角、分及小数点所表示的意思及读法，初步学习运用手机计算器或电子计算器进行乘法运算。

引导语：98#的油是多少钱一升？怎么读？（6元9角5分）小数点前面的怎么读？小数点后面的怎么读？如果我们要加10升油，每升6.95元，一共要多少钱？用什么方法计算？（引导孩子学习使用电子计算器或手机计算器计算）

❹ 认识安全标志，巩固孩子的安全意识。

引导语：这是什么标志？（如限速、熄火等）表示什么意思？我们去加油站加油时应该怎样做？你还见过什么样的安全标志？分别表示什么意思？

❺ 动手做一做。

● 说一说。

请你说一说，这些标志会出现在什么地方，表示什么意思。

24. 加油站里的秘密

● 填一填。

在加油站里，哪些行为是允许的？哪些是禁止的？允许的请在（　）里打"√"，禁止的在（　）里打"×"。

（　）　　　　（　）　　　　（　）　　　　（　）

活动反思：（你在实施这个课程中有何感想？）

25. 一年有多少天

活动目标

① 认识电子计算器,学习用电子计算器计算的方法。
② 知道非闰年有 12 个月共 365 天,闰年有 12 个月共 366 天。
③ 知道时间的不可逆性,教育孩子要珍惜时间。

活动准备

日历、计算器。

活动内容

① 复习对日历中每月天数的认识,知道一年有 12 个月,每个月的天数各是多少。

引导语:(出示日历)这是什么?一年有几个月?看看每个月各有几天?

② 学习计算一年的天数,培养孩子的综合运用能力。

引导语:一年有多少天呢?你用什么方法计算?

● 让孩子从元旦开始,一天一天地数,看看一年有多少天?

● 引导孩子用计算器,按每个月的总天数进行加法运算。

● 用乘法和加法统计 31 天的月份有几个,30 天的月份有几个,28(29)天的月

份有几个。

讨论：哪种计算方法的速度最快？用什么工具进行计算的速度快？你还有哪些更好的计算方法？

❸ **巧分大小月。**

伸出左手，握成拳头，手背朝向全体孩子，用右手的食指沿左手食指关节凸出处数起，凡关节凸处为大月，凡关节与关节之间的陷处为小月，其中二月为平（闰）月。大月为31天，小月为30天，平（闰）月为28（29）天（二月），于是有了一月大、二月平，三月大，四月小……的口诀。要提醒孩子，数到七月后要回到食指关节凸出处，重新开始数八月大、九月小……这样七月、八月连续两月是大月。

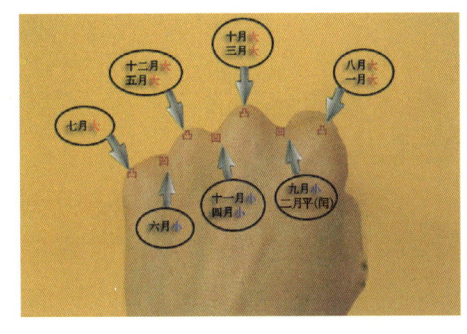

❹ **感知一年的时长，知道每年的天数不一定相同。**

引导语：算算每年的总天数，看看是不是每年都是365天。

小结：历法主要分为阳历、阴历和阴阳历三种。阳历亦即太阳历，主要根据地球绕太阳一周为一年，现时国际通用的公历（格里历）即为阳历的一种，亦简称为阳历。平年365天，闰年366天（闰年的2月是29天），每4年一闰，每满百年少一闰，到第四百年再闰，即每四百年中有97个闰年。

活动反思：（你在实施这个课程中有何感想？）

26. 认识农历

活动目标

① 初步认识农历,知道农历一般一年有 355 天。
② 学会看公历和农历,并能在日常生活中运用。
③ 教育孩子要爱惜时间,珍惜时光。

活动准备

农历日历。

活动内容

① 复习认识日期、星期。

引导语:今天(某天)是星期几?看看这周的星期五是几月几日?

② 初步认识农历,知道农历对农民的耕种有很大的帮助。

引导语:你看,这些日历中除了有年、月、日、星期之外,还有哪些数字或文字?这些汉字表示什么意思?

小结:农历是中国的传统历法。农历,别名又称夏历、阴历、旧历、汉历、老历,是中国传统历法之一。在东亚一带的居民都习惯使用农历。它以朔望月的周期来确定月,用置闰的办法使年平均长度接近太阳回归年,因这种历法设置了二十四节气以指导农业生产活动,故称农历。

③ 巩固对农历的理解。

引导语:查查某年某月某日,是农历几月几日。找找家人的生日是农历几月几日,公历是几月几日。2021 年春节(或某个节日)是公历的哪一天,农历是哪一天。

26. 认识农历

表1　生日调查表

姓名	出生年份	月	日	农历		星期
				月	日	
爸爸	1980	6	17	五	初五	一

表2　节日调查表

名称	年	月	日	农历		星期
				月	日	
六一节	2020	6	1	闰四	十	一

表3　农历对照表

年份	公历	农历	星期
2012	3月2日	二月初十	五

❹ 动手做一做。

算一算,以下的年份公历、农历各有多少天。

表4　公历表

年份	1月	2月	3月	4月	5月	6月	7月	8月	9月	10月	11月	12月	小计
2019													
2020													

表5　农历表

年份	一月	二月	三月	四月	五月	六月	七月	八月	九月	十月	十一月	十二月	小计
2019													
2020													

活动反思:(你在实施这个课程中有何感想?)

27. 认识节气

活动目标

❶ 从日历上查找中国农历历法中的二十四节气，初步感知其含义。
❷ 知道万物都有规律性。
❸ 知道时间的不可逆性，教育孩子要珍惜时间。

活动准备

农历日历。

活动内容

❶ 复习对年、月、日、星期、农历的认识。

出示本年度的日历，让孩子从日历上查找出年、月、日、星期、农历等。

❷ 认识二十四节气，感知它们的排列顺序及其与人们生活之间的关系。

引导语：我们从日历上可以看出年、月、日、星期、农历外，你还发现什么特别的地方？这是什么？表示什么意思？（二十四节气）人们在不同节气应该做些什么？

❸ 听故事《立春》，理解每个节气的由来。

❹ 比较每年二十四节气的异同。

查看 2018 年至 2020 年日历，记录每个节气的具体日期（公历、农历、星期等），比较异同（每年都有 24 个节气，但每个节气的日期、农历有可能不相同）。

扫码听故事
《立春》

表1　节气表

节气	2018 年			2019 年			2020 年		
	公历	农历	星期	公历	农历	星期	公历	农历	星期
立春									
雨水									
惊蛰									
春分									
清明									
谷雨									
立夏									
小满									
芒种									
夏至									
小暑									
大暑									
立秋									
处暑									
白露									
秋分									
寒露									
霜降									
立冬									
小雪									
大雪									
冬至									
小寒									
大寒									

❺ 朗读《节气歌》，进一步巩固对二十四节气的了解。

节气歌

春雨惊春清谷天，夏满芒夏暑相连。

秋处露秋寒霜降，冬雪雪冬小大寒。

每月两节不变更，最多相差一两天。

上半年来六廿一，下半年是八廿三。

活动反思：（你在实施这个课程中有何感想？）

28. 认识节日

活动目标

❶ 初步认识中国或外国节日（如圣诞节），知道每个节日的意义。
❷ 学习从节日中找出月、日、农历、星期等。
❸ 培养孩子爱家爱国的情感。

活动准备

日历。

活动内容

❶ 感受春节给人们带来的欢乐气氛。

引导语：今天是什么节日？你们还要回幼儿园吗？爸爸妈妈要上班吗？各家各户有什么不同？街道上有什么不同？今天是何年何月何日？去年的春节日期和今年的一样吗？明年的呢？从哪里可以看出来？除了春节之外，你还知道有哪些节日呢？从哪里可以找出来？

❷ 看数字知节日。

引导语：（出示日历）看看这是什么月份？这个月有什么节日？从哪里可以看出来？这些节日是星期几？农历是几月几日？日历上的字体是什么颜色的？这些节日表示什么意思？人们有什么活动？这个月还有什么节气？表

示什么意思？农民伯伯应该做些什么了？人们还要注意哪些事项？

小结：1月1日元旦、3月8日妇女节、3月12日植树节、5月1日国际劳动节、5月4日青年节、5月12日护士节、6月1日国际儿童节、7月1日建党节（中国共产党诞生纪念日）、8月1日建军节（中国人民解放军建军节）、9月10日教师节、10月1日国庆节、11月8日记者节，这些节日的日期每年都是固定的；另外，还有元宵节（农历正月十五，每年的公历不一样）、清明节（每年公历4月5日前后）、端午节（农历五月初五，每年的公历不一样）、中秋节（农历八月十五，每年的公历不一样）、重阳节（农历九月九日，每年的公历不一样）。

❸ 感知外国的节日。

引导语：你知道哪些外国节日吗？圣诞节是在几月几日？

❹ 找一找。

父母随意说出某年的某个节日，引导孩子说说这个节日是在哪月哪天，农历几月几日。

❺ 动手做一做。

● 查一查。

请你查查 2018—2020 年三年内的各个节日的农历、星期，比较每年每个节日的农历时间是否相同。

元旦（1月1日）			植树节（3月12日）		
年份	农历	星期	年份	农历	星期
2018			2018		
2019			2019		
2020			2020		

儿童节（6月1日）			建党节（7月1日）		
年份	农历	星期	年份	农历	星期
2018			2018		
2019			2019		
2020			2020		

教师节（9月10日）			国庆节（10月1日）		
年份	农历	星期	年份	农历	星期
2018			2018		
2019			2019		
2020			2020		

● 找一找。

请你找找每个节日的公历、星期，比较每年每个节日的公历时间和星期是否相同。

元宵节			清明节		
年份	农历	星期	年份	农历	星期
2018			2018		
2019			2019		
2020			2020		

端午节			中秋节		
年份	农历	星期	年份	农历	星期
2018			2018		
2019			2019		
2020			2020		

重阳节			冬至		
年份	公历	星期	年份	公历	星期
2018			2018		
2019			2019		
2020			2020		

活动反思：（你在实施这个课程中有何感想？）

29. 衣服上的秘密

活动目标

❶ 认识衣服上 S、M、L、XL、XXL（2XL）、XXXL（3XL）、XXXXL（4XL）等符号或 28～36 等数字所表示的意义。

❷ 知道不同季节、不同温度要穿厚薄不同的衣服，穿着合适的衣服才是最舒服漂亮的。

❸ 培养孩子的审美眼光。

活动准备

❶ 各种码数的上衣、连衣裙和裤子若干。

❷ S、M、L、XL、XXL（2XL）、XXXL（3XL）、XXXXL（4XL）和 28～36 码数等卡片若干。

❸ 软卷尺一条。

活动内容

❶ 听故事《爱穿"大衣服"的小小熊》，理解故事的主要内容。

引导语：故事的名称叫什么？故事里面有谁？在干什么？发生了什么事情？

❷ 试穿大衣服，感受它给人们带来的不便。

把大人的衣服给小孩子穿，让他感受一下大衣服带来的不便。

❸ 认识衣服的码数。

引导语：（出示爸爸妈妈的衣服）这些衣服是什么码数的？适合谁穿？

扫码听故事
《爱穿"大衣服"的小小熊》

爸爸的衣服妈妈穿，效果会怎么样？（出示表示码数的字母）这是什么码？哪个最大？哪个最小？（出示标有码数的牛仔裤）这是几码的牛仔裤？谁适合穿？你还知道哪些码数的衣服？如果大了或小了，感觉怎么样？怎么样买衣服？（知道自己的身高、体重、胸围、腰围等）

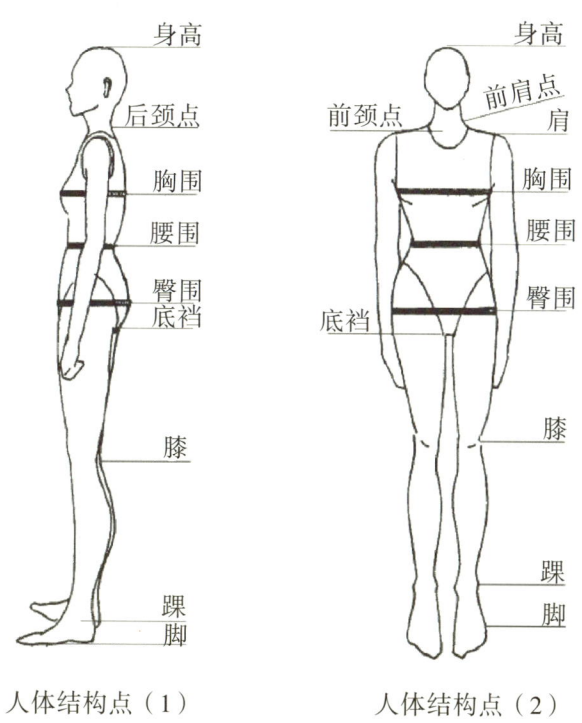

人体结构点（1）　　　　人体结构点（2）

❹ **量一量身材。**

引导语：（出示软卷尺）这是什么？你会用吗？帮妈妈量一量胸围、腰围等。（出示一款衣服的码数表）看一看，按照你刚才所量的数据，妈妈应该穿什么码数的衣服？对照这些数据，你发现什么问题？（胸围、腰围等越大，衣服的码数也就越大）

❺ 知道不同季节、不同温度穿着不同的衣服，穿着合适的衣服才是最舒服漂亮的。

讨论：你穿爸爸的衣服有什么感觉？爸爸能穿下你的衣服吗？现在的天气怎么样？我们穿什么样的衣服？如果天气再冷（热），我们又应该穿什么样的衣服？

❻ 动手做一做。

● 排一排。

请你把这些衣服的码数按从小到大的顺序排一排吧。

L　　XXXXL　　S　　XXL　　M　　XL　　XXXL

● 理一理。

请你把家里的衣服整理一下吧。

型号 类别	类型				颜色					
	上衣	裤子	裙子	外套	红色	黄色	白色	黑色	蓝色	紫色
S										
M										
L										
XL										
XXL （2XL）										
XXXL （3XL）										
XXXXL （4XL）										

活动反思：（你在实施这个课程中有何感想？）

30. 称一称

活动目标

❶ 初步认识测量重量的工具秤，学会观察并读出其读数。

❷ 认识重量的单位克、千克、吨、斤、公斤等，初步感知克、千克、吨、斤、公斤之间的转换关系。

❸ 学习运用计算器进行加法或乘法运算。

活动准备

各种不同的秤、图表。

活动内容

❶ 听故事《曹冲称象》，知道古人称量物品的办法。

讨论：吴国给曹操送来了什么？这只大象有多重？用一般的秤能称得了吗？曹冲想出了什么办法？

扫码听故事
《曹冲称象》

❷ 讲述杆秤的发展史，认识杆秤的种类。

A. 认识杆秤的发展历史。

家长讲述杆秤的发展历史，问：杆秤是谁发明的？有什么作用？

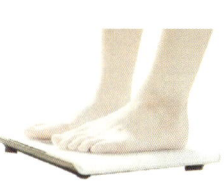

B. 认识杆秤，知道它对人类的作用。

讨论：宝宝想一想，一只小狗、一袋砂石、一颗苹果、一卡车的木头、一台货柜车，分别要用什么工具来称重最合适？你见过什么样的秤？在哪里见过？（出示各种不同的秤）这些秤上的数字表示什么意思？把一样物品放在不

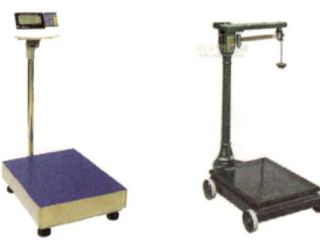  

同的秤上,所显示的数字相同吗?为什么呢?

❸ 通过称一称比较自己体重的变化。

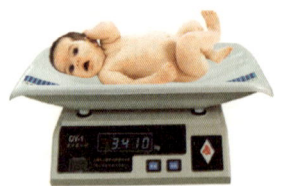

引导语:(出示出生证和测量新生儿体重的图片)你刚出生时多重?这个数字表示什么?用什么方法知道现在重还是以前重?(让孩子站在秤上)看看你现在有多重?跟以前相比怎么样了?

❹ 学习称量物品并初步运用计算器进行克、千克之间的转换运算。

引导语:看看表示你体重的数字后面是什么单位?这是什么意思?(出示各种物品)称一称,它们分别有多重?用什么单位来表示?你还见过哪些表示重量的符号或文字?它们之间的关系怎么样?

(出示图表及不同的物品)称一称,看看它们有多重(克、千克、斤、公斤)?

❺ 了解秤的使用范围及称量各种物品的重量。

你还在什么地方见过秤呢?(药店、超市、菜市场、幼儿园等)这些秤是用来干什么的?你还见过什么样的秤?(如天平)这袋饼干多重?从哪里可以看出来?这辆车有多重呢?表示重量的单位(吨)跟刚才这些相同吗?表示什么意思?

家长可以带孩子去不同的地方(如超市)观察各种物品的重量及秤的使用。

30. 称一称

6 动手做一做。

● 猜一猜。

猜猜哪只动物最重？并在（　）里打"√"。

　（　）　　　　（　）　　　　（　）　　　　（　）

● 连一连。

请你猜一猜它们的重量，并把它们连起来。

15 吨　　　　　　2 斤　　　　　　100 克

● 称一称。

请你称一称家里的一些物品，并把它的重量记录下来。

序号	物品	重量
1		
2		
3		
4		
5		
6		

活动反思：（你在实施这个课程中有何感想？）

31. 量一量

活动目标

① 认识各种各样的尺及尺子上的符号 mm、cm、m，了解其用途。
② 初步学习直尺的使用方法，培养孩子对测量活动的兴趣。
③ 培养孩子的动手操作能力。

活动准备

不同材料、不同长度的直尺、三角尺、皮尺、卷尺等。

活动内容

① 给孩子量身高，初步认识尺子。

引导语：你看看自己多高了？从哪里可以看出来呢？这个叫什么？

② 认识尺子的种类。

• 认识各种各样的尺子及其用途。

引导语：（出示各种各样的尺子）这是什么？是什么形状的？用什么材料做的？叫什么尺？（直尺、三角尺、卷尺、皮尺）尺子有什么作用呢？尺子有什么特征？这些数字是什么意思？用什么文字或符号来表示？（毫米 mm、厘米 cm、米 m）

• 比较尺子的不同点和相同点。

引导语：这么多的尺是不是一样的？有什么不同？尺有这么多不同，有没有相同的地方？

小结：尺子的用途、材料、形状等方面不同，但是它们上面都有刻度，都是用来测量物体长度的工具。

❸ 学习用尺子进行测量，并进行记录。

● 了解测量时要注意的事项。

引导语：刚才妈妈帮你测量时，你是站在地面上还是其他地方的？为什么？如果站在椅子上测量，准确吗？

小结：测量时尺与被测量物的起点要对齐，每量一尺要做上记号，接着量时尺的一端要与记号对齐，要记住量了多少尺，不能漏计，也不能多计，最后的测量结果就是物体的长度。

● 学习测量。

引导孩子测量一下家里物品的长度并记录下来，比较一下长短。

❹ 说一说比较有趣、特殊的尺。

❺ 动手做一做。

● 填一填。

请你把这些物品的长度或高度填在（　　）里。

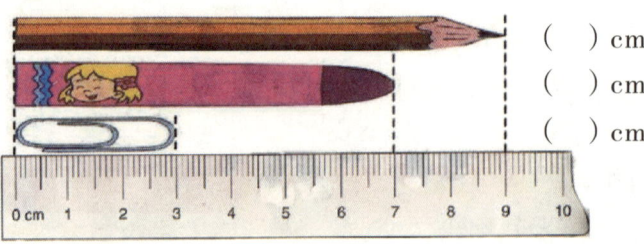

（　）cm

（　）cm

（　）cm

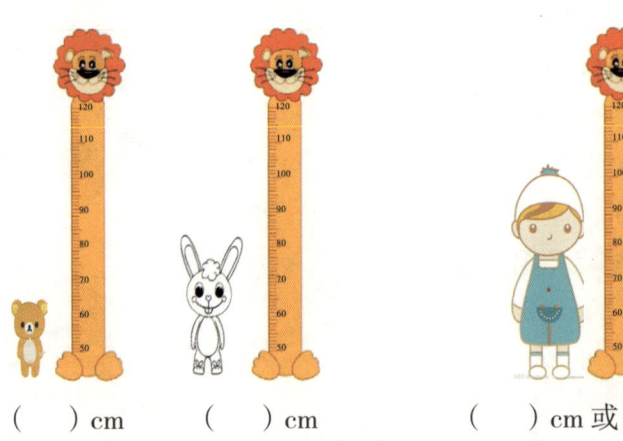

（　）cm　　　（　）cm　　　　（　）cm 或（　）m

31. 量一量

- 量一量。

请你量一量家里的一些物品,并把它的长度或高度记录下来。

序号	物品	长度(或高度)
1		
2		
3		
4		
5		
6		

活动反思:(你在实施这个课程中有何感想?)

32. 倒计时

活动目标

❶ 了解倒计时的含义及其与人们生活的关系，对计算倒计时的方法产生兴趣。

❷ 按照自己的需要尝试计算倒计时，引发孩子对某些特殊日子的期盼。

❸ 体会倒计时给我们生活带来的方便。

活动准备

相关图片若干、日历、笔。

活动内容

❶ 观察红绿灯，初步了解倒计时。

引导语：宝宝，看看红绿灯的数字有什么变化？跟我们平时的数数有什么不一样？这样数数叫什么？（倒着数的时间，叫倒计时）

小结：这里的数字是倒数的，数字越来越小，时间越来越短……时间越长过马路越安全，时间越短，过马路越危险。有了倒计时，我们过马路就更加方便、安全了。

倒计时——从现在往未来的某一时点计时间，用来表示离某一期限还有多少时间。

❷ 说说生活中见过的"倒计时"。

引导语：除了红绿灯是倒计时外，你还在哪里看见过倒计时的？（火箭发射、春节晚会、微波炉、定时器、电饭煲等）

小结：生活中处处有倒计时，有的提醒我们要注意安全，有的让我们提前做好准备。

32. 倒计时

❸ 学习计算倒计时,知道倒计时的计算方法。

- 六一节快到了,现在是 5 月 28 日,想一想,倒计时怎么算,从哪里数到哪里,六一节倒计时还有几天?
- 挑选自己喜欢的节日或期盼的日子计算倒计时。
- 算一算,我们离上小学还有多少天。

小结:倒计时的时间就从今天开始到过节的前一天,节日这一天不算。

❹ 思考:刚才我们算的倒计时是以天来计算的,火箭发射及微波炉是以什么时间单位来计算的?

小结:有的倒计时用"秒"来计算(奥运会开幕式、火箭发射等),有的倒计时用"分"来计算(电扇、微波炉、电热毯),有的倒计时用"天"来计算(世界博览会)。

❺ 动手做一做。

- 填一填。

用倒计时的方法填上相对应的数字。

10									
				5					
		7							

- 算一算,并把答案填在( )里。

A. 今天是农历九月初三,还有(   )天到重阳节。

B. 还有三天就到元旦了,请问今天是(   )月(   )日。

C. 今天是 9 月 1 日,离教师节还有(   )天。

D. 今天是星期二,我的生日是下星期一,还有(   )天才到我的生日。

活动反思:(你在实施这个课程中有何感想?)

33. 骰子的秘密

活动目标

① 知道骰子上下两个面的点数加起来是 7 的规律。
② 学习加减法或连加连减的运算。
③ 培养孩子动手操作的能力。

活动准备

骰子若干、自制骰子若干、数字及"+""−""="符号卡片若干。

活动内容

① 认识骰子。

引导语：（出示骰子）这是什么？是什么形状的？有几个面？每个面分别有几个点？可以用什么数字来表示？

② 抛骰子比大小。

每人一个骰子，各自抛一次，看看最上面的骰子是几个点，再比较两者之间的大小。（可以两个以上的人一起玩游戏）

③ 抛骰子学习 7 的分解组成及加减法。

抛骰子，看看骰子的各个面及其对立面的点合起来是多少？猜一猜，7 可以分成几和几？两个对立面的数相加或相减分别又是多少？要求孩子把式子列出来并写上答案。

  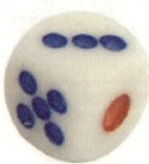

❹ 抛骰子（两粒）学习加减法。

一次抛两粒骰子，看看两个骰面各有几个圆点，可以用什么数字来表示，分别列出两者相加或相减的式子。如果是满十的加法，可以运用凑十法进行计算。

❺ 抛骰子（三粒）学习连加连减。

一次抛三粒骰子，看看三个骰面各有几个圆点，可以用什么数字来表示，分别列出三者相加或相减的式子。如果是满十的加法，可以运用凑十法进行计算。如果三个骰面都是相同的点，引导孩子学习用加法运算后再运用乘法运算。

❻ 游戏——骰子真好玩。

• 自制骰子。

在一个正方体上画相应的图画（如拍手、笑、跑等）或写上文字（如做饭、跳舞等）。

• 看骰子做动作。

两个人一起，一个人抛骰子，另一个人根据骰子立面上的图画或文字做相应的动作。

❼ 动手做一做。

• 连一连。

把骰子与相对应的数字连起来。

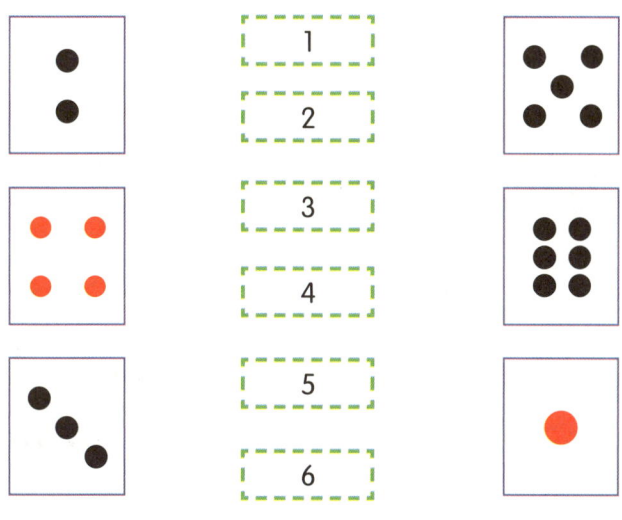

● 算一算。

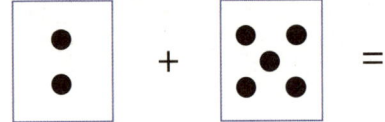

● 看图列式。

看看可以列几条算式。

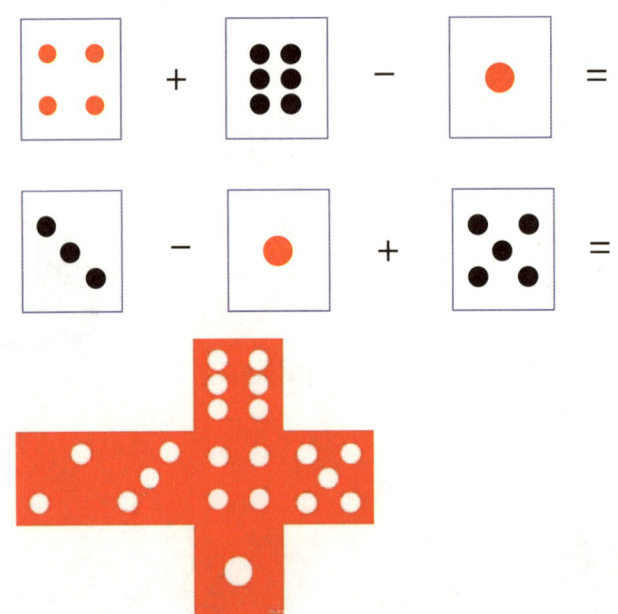

活动反思：（你在实施这个课程中有何感想？）

34. 有趣的扑克牌

活动目标

1. 认识扑克牌，能根据扑克牌的特征进行分类和加减法练习。
2. 发展孩子的逆向思维及训练思维的流畅性、敏捷性。
3. 培养孩子的合作意识，提高孩子协作完成任务的能力。
4. 体验游戏带来的快乐。

活动准备

扑克牌一副，"+""-""="符号卡片若干。

活动内容

1. 认识扑克牌。

引导语：这是什么？扑克牌上有什么？（数字、图案、颜色）相同的颜色，图案一样吗？（梅花、方块、红桃、黑桃）J、Q、K 分别表示哪个数字？

小结：每副扑克牌都是有顺序的，按数字 1～13 排列（J、Q、K 分别表示 11、12、13），同样的数字上有 4 种图案，扑克牌上的图案数量和数字是相对应的。

2. 分类游戏。

引导孩子把扑克牌按数字、颜色、图案进行分类，并鼓励孩子说说是怎

么分的，为什么这样分，还可以怎么分。（鼓励孩子想出不同的分法）

❸ 扑克接龙。

• 把同颜色、同图案的扑克牌，按从小到大的顺序排列。

• 把同颜色、同图案的扑克牌，把单双数扑克牌分别按从小到大的顺序分出来。

• 出示一个数，找出其相邻数的扑克牌。

❹ 学习加减法。

• 学习 10 以内数的加减法。

引导孩子用两个数、三个数或四个数进行相加，总数不能超过 10。如：1+2+3+4=10、3+7=10、2+4+3=9、9−5+4−3=5。

• 学习用凑十法练习 10 以上的加法。

引导孩子用两个数、三个数、四个数等进行相加，用凑十法练习 10 以上的加法，另外还可以用 J、Q、K 替代 11、12、13。如：5+2+1+3=J、10−6+8=Q。

❺ 动手做一做。

• 连一连。

把扑克与相对应的数字连起来。

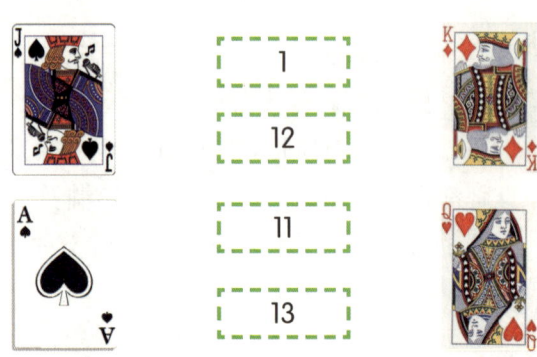

• 算一算。

算一算，并画上相对应的扑克点数。

34. 有趣的扑克牌

● 换一换。

请你在相应位置画上相对应的扑克点数。

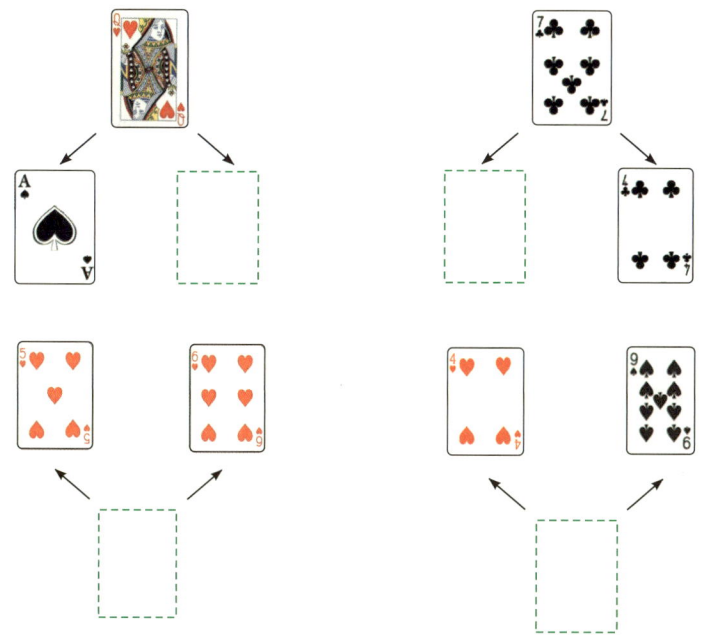

活动反思：（你在实施这个课程中有何感想？）

35. 我有钱啦

活动目标

① 认识不同面额的人民币，能熟练、准确地辨别不同面额的人民币。
② 尝试在生活中使用人民币，养成良好的理财习惯。
③ 教育孩子要爱护人民币。

活动准备

不同版本、面额的人民币若干。

活动内容

① 了解人民币的定义。

引导语：我们要买玩具、食品等，要有什么才可以买得到？（钱）钱还有一个名字叫什么？（人民币）

小结：人民币（缩写：RMB；货币代码：CNY；货币符号：¥）是中华人民共和国的法定货币，由中国人民银行发行。货币于1948年12月1日首次发行，至1999年10月1日启用新版为止共发行五套，形成了包括纸币、硬币、普通纪念币与贵金属纪念币等多品种、多系列的货币体系。

长方形，像纸张一样的叫纸币；圆圆的、硬硬的、金属材料做成的叫硬币，我们把这些钱叫"人民币"。

② 认识不同面额、不同版本的人民币，要爱护人民币。

引导语：（出示不同版本、不同面额的人民币）这是多少面额的人民币？是纸币还是硬币？正（背）面的图案是什么？上面有什么数字？看看每张人民币上的数字是否一样？已破烂的人民币，银行会怎么样做？我们要怎么爱护人民币？表示人民币的符号是什么？（¥）

❸ 了解人民币的用途。

讨论：人民币是用来干什么的？在什么情况下用到它？怎么样才可以赚到人民币？

❹ 学习兑换人民币。

引导语：（出示 100 元、50 元、20 元、10 元面额的人民币）100 元可以换成几张 50 元（20 元、10 元）？2 张 10 元可以兑换几张 20 元？

❺ 欣赏其他国家的钱币。

出示美国、英国等的钱币让孩子欣赏，让孩子知道每个国家的钱币是不一样的。

❻ 学习合理理财，养成良好的理财习惯。

引导语：宝宝，今天由你来当家长，给你 100 块钱，你想想这些钱应该拿来做些什么？

❼ 动手做一做。

● 连一连。

请你把相对应的金额和人民币面额连起来。

● 算一算。

请你算一算，一共多少钱，并把它填在（　　）里。

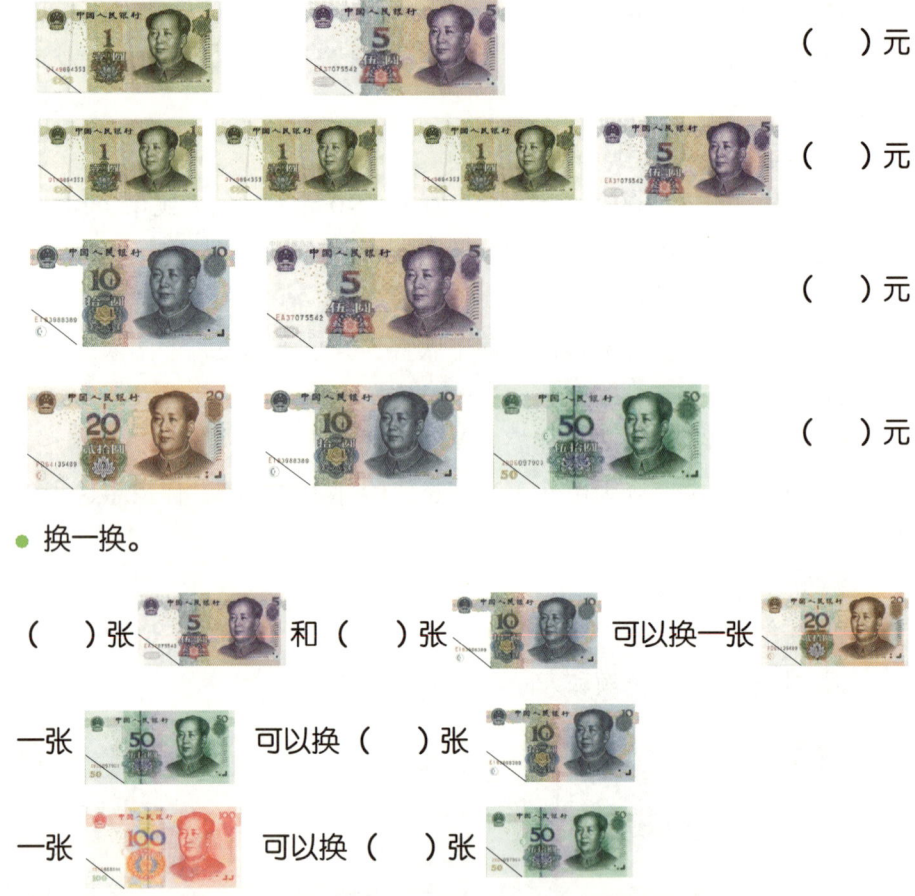

( )元

( )元

( )元

( )元

- 换一换。

( )张 [5] 和 ( )张 [10] 可以换一张 [20]

一张 [50] 可以换 ( )张 [10]

一张 [100] 可以换 ( )张 [50]

活动反思：（你在实施这个课程中有何感想？）

36. 换钱（1）

活动目标

❶ 学习 10 元、5 元、1 元之间的换算和使用，巩固理解 10 以内的分解组成及加减法运算。

❷ 初步尝试有计划地使用人民币，感知并了解人民币在生活中的用途。

❸ 培养孩子爱护人民币的意识。

活动准备

10 元、5 元、1 元的人民币若干，计算器。

活动内容

❶ 认识人民币。

引导语：（出示 10 元、5 元、1 元的人民币）你们认识这些钱吗？它们一样吗？它们分别是多少钱呢？你怎么知道是多少钱呢？（通过观察钱币上的数字让幼儿认识它们不同的面额）仔细看看这些钱上都印有什么？你们知道这些钱共同的名称吗？（人民币）你还见过不同图案的 10 元、5 元、1 元的人民币吗？

❷ 学习 10 以内的组成及加减法运算。

方法一：取钱。家长随意说出 10 以内的数，要求孩子进行取钱，知道有多种不同的方法。如：取 8 元人民币的方法有两种，一种是 1 张 5 元、3 张 1 元，5 和 3 合起来是 8；另一种是 8 张 1 元。

方法二：购物。家长说出要购买物品的名称及价格，引导孩子计算价格，并说明是用什么方法计算的。如：我们买了4元苹果、2元花生、1元糖果，一共要多少钱？我们给了收银员10块钱，她应该找回我们多少钱？

❸ 认识人民币的用途，爱护人民币。

引导语：钱是用来做什么的？有什么用途？我们应该怎样爱护人民币？

小结：人们通常用钱来买东西，比如我们穿的衣服、裤子、吃的菜，等等；钱虽然不能代表一切，但是生活中如果没有钱，我们就难以生活下去。我们要爱护人民币，不能在人民币上面乱涂乱画等。

❹ 逛超市，真正感受购物带来的愉快体验。

引导孩子查看商品的价格，学习用心算或计算器计算商品的总价。

❺ 动手做一做。

● 数一数。

数一数共有多少钱。

一元一元地数，数到5元，（　　）张1元等于1张5元。

一元一元地数，数到10元，（　　）张1元等于1张10元。

十元十元地数，数到20元，（　　）张10元等于1张20元。

十元十元地数，数到50元，（　　）张10元等于1张50元。

十元十元地数，数到100元，（　　）张10元等于1张100元。

● 换一换。

试一试，如何兑换。

换1张

活动反思：（你在实施这个课程中有何感想？）

37. 换钱（2）

活动目标

❶ 认识1角、5角、1元人民币的一般特征。

❷ 初步了解元、角之间的简单换算和使用，鼓励孩子在生活中运用所学的知识进行换算。

❸ 培养孩子爱护人民币的意识。

活动准备

1元、5角和1角的人民币若干。

活动内容

❶ 仔细观察人民币，发现不同面额人民币的特征。

引导语：（出示常用的1元、5角、1角人民币）这是什么面额的人民币？什么叫纸币（硬币）？上面有什么图案？人民币上面有什么数字？表示什么意思？每张数字有相同的吗？

小结：1元纸币上的风景图案是"杭州西湖"；1元的硬币是银白色的，有牡丹花或菊花图案；5角纸币上的人物图案是"侗族和苗族的阿姨"；5角的硬币是黄色的，有梅花图案；1角纸币上的人物图案是"高山族和汉族的叔叔"；1角的硬币也是银白色的，比1元的小些、轻些，上面有菊花或水仙花图案。

❷ 了解1元、5角、1角人民币的改版。

引导语：（出示不同版本的1元、5角、1角的人民币）你还见过其他版本的1元、5角、1角人民币吗？你知道人民币是怎样制造出来的吗？如何爱护人民币？

❸ 学习1元、5角、1角的兑换关系。

引导语：1角1角地加起来，5个1角是多少角，可以用哪张人民币来替换？（5角）1元等于多少角，用1角、5角去换，怎么换呢？

❹ 知道元、角人民币的价格标示方式。

引导语：我们有1元5角钱，怎么用数字把它表示出来？（1.5元，1元5角或一块五）（出示一个价格标示）这是多少钱？（5.8元或五元八角）5.8元可以由几元几角组成？（58张1角，11张5角和3张1角，5张1元和8张1角，5张1元、1张5角和3张1角）

❺ 学习用人民币进行10以内加减法的运算。

引导语：爸爸妈妈出应用题，孩子用人民币进行计算。如：买苹果用了3元，买梨用了4元6角，一共用了多少钱？宝宝有2元7角，妈妈有4元4角，一共有多少钱？

❻ 动手做一做。

● 连一连。

请把纸币和相对应的硬币连起来。

- 兑一兑。

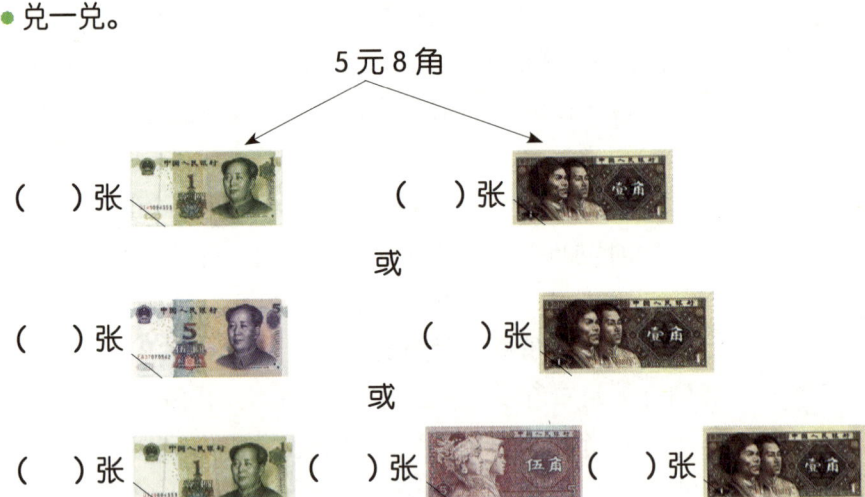

活动反思：（你在实施这个课程中有何感想？）

38. 我的零花钱（1）

活动目标

❶ 学习用钱币购买商品，体验自主购物的快乐。
❷ 初步尝试合理使用钱币。
❸ 知道父母挣钱不容易，不能乱花钱。

活动准备

不同面额的人民币、硬币。

活动内容

❶ 通过春节领压岁钱，理解零花钱的概念。

引导语：过春节时，你领到压岁钱吗？他们会给你多少钱？当别人给我们压岁钱时，我们应该怎么说？你的钱还可以从哪里来的？这些钱去了哪里？

小结：压岁钱即零花钱，是家长或长辈们给小孩子、晚辈们自由支配的钱。

❷ 复习巩固对不同面额人民币的认识。

出示不同面额的人民币，让孩子认识人民币上的数字和汉字，初步知道它们之间的互换关系。

❸ 讨论：你知道爸爸妈妈是怎么挣钱的吗？这些零花钱你准备如何使用？为什么想要买这些东西？

小结：爸爸妈妈挣钱不容易，小朋友

不能乱花钱。

❹ **学习用钱币购买商品，养成合理花钱的好习惯。**

引导孩子观察每种商品的价格，认识其名字和标价，学习用心算或计算器计算总金额。知道支付的几张人民币各是多少面额，一共支付了多少，给多了还是刚刚好，如果给多了，应找回多少钱。

❺ **动手做一做。**

● 数一数。

数一数，你春节领的压岁钱一共有多少。

（　　）元

（　　）元

（　　）元（　　）角

● 连一连。

请你把这些物品与相对应的人民币连起来。

38. 我的零花钱（1）

    10元   5角   5元   1元   1角

活动反思：（你在实施这个课程中有何感想？）

39. 我的零花钱（2）

活动目标

1. 学习连加或连减的计算方法。
2. 理解余钱与再次使用的关系。
3. 培养幼儿节俭的意识。

活动内容

1. 知道自己的零花钱总额。

让孩子把零花钱拿出来，数一数面额为100元、50元、20元、10元、5元、1元、5角的纸币或硬币有几张（块），总数加起来一共有多少钱。

2. 学习合理支配零花钱。

讨论：A．第一次做购物计划时想用的钱要根据什么来计划？（总金额）B．第一次购物后剩余的钱是怎样算出来的？ C．第二次做计划时想用的钱要根据第一次的什么钱数来制订？（上一次购物剩余的钱）为什么？ D．每次做计划时，要根据什么来制订下一次的花钱计划？为什么？

3. 学习合理购物。

引导语：你的购物清单做好了吗？大概会用多少钱？你会带多少钱去？为什么？

带孩子去超市进行购物，学习认读物品的名称和标价，计算总金额。

问：看一看这些商品的价格，算一算，按照购物清单上购物一共要用多少钱？你带了多少钱来购物？还剩多少钱？还可以购买些什么？

❹ 动手做一做。

● 兑一兑。

1张 100 可以兑换（　）张 10

1张 100 可以兑换（　）张 50 和（　）10

5张 20 可以兑换（　）张 100

● 算一算。

算一算买东西用了多少钱，你付出了多少钱，应该找回多少钱，还可以购买什么。

要买的东西	付出的钱	剩余的钱	还可以购买哪些物品，分别是多少钱？
4元 3元 1元	10	2元	
3元 8元 20元	50		
15元 53元 20元	20 20 50		
1元 13.5元 22元		3.5元	

● 练一练。

3角 +7角 =（　　）元

9角 –5角 =（　　）角

（　　）元 –6角 =4角

10元 –7元5角 =（　　）元（　　）角

（　　）元 –15元6角 =4元4角

9元7角 –5角 =（　　）元（　　）角

6元5角 –8角 =（　　）元（　　）角

活动反思：（你在实施这个课程中有何感想？）

40. 看谁数得快

活动目标

❶ 尝试在生活情境中按数群整 2、整 5、整 10 数数，并说出总数。
❷ 能大胆与他人交流操作过程。
❸ 乐于参加数数活动，体验用不同的方法数数的乐趣。

活动准备

花生、雪花片若干，图表若干张。

活动内容

❶ 学习 20 以内的双数。

引导孩子按双数 2、4、6、8、10、12、14、16、18、20 数数。

❷ 感知 20 以内一个一个地数与按整 2 数的区别。

引导语：（出示一张有 20 个圆点的图表）数一数有多少个圆点？你是怎么数的？还可以用其他方法来数吗？（引导孩子把圆点 2 个 2 个地圈起来，然后按双数的方法进行数数）哪种数数的方法速度快呢？

❸ 学习 20 以内整 5、整 10 地数数。

引导语：（出示一张有 20 个圆点的图表）除了刚才可以 2 个 2 个地数数外，还可以怎么数？一共有多少个圆点呢？（把圆点 5 个 5 个或 10 个 10 个地圈起来）

❹ 巩固按数群整 2、整 5、整 10 地数数。

● 游戏——数花生。

用花生按数群整 2、整 5、整 10 地数 20 以内的数。

● 游戏——数雪花片。

把 100 块雪花片按 10 个一堆叠起来，再进行数数。

❺ 寻找生活中可以整 2、整 5、整 10 地数的物品并进行数数。

❻ 动手做一做。

● 圈一圈。

把下面的水果按要求圈起来，数一数，一共有几组？还剩几个？总数是多少？

水果	两个一组，共有（　）组	还剩（　）个	一共有（　）个
	五个一组，共有（　）组	还剩（　）个	一共有（　）个
	十个一组，共有（　）组	还剩（　）个	一共有（　）个

40. 看谁数得快

- 数一数。

请你以最快的速度把它们数一数,并写出总数。

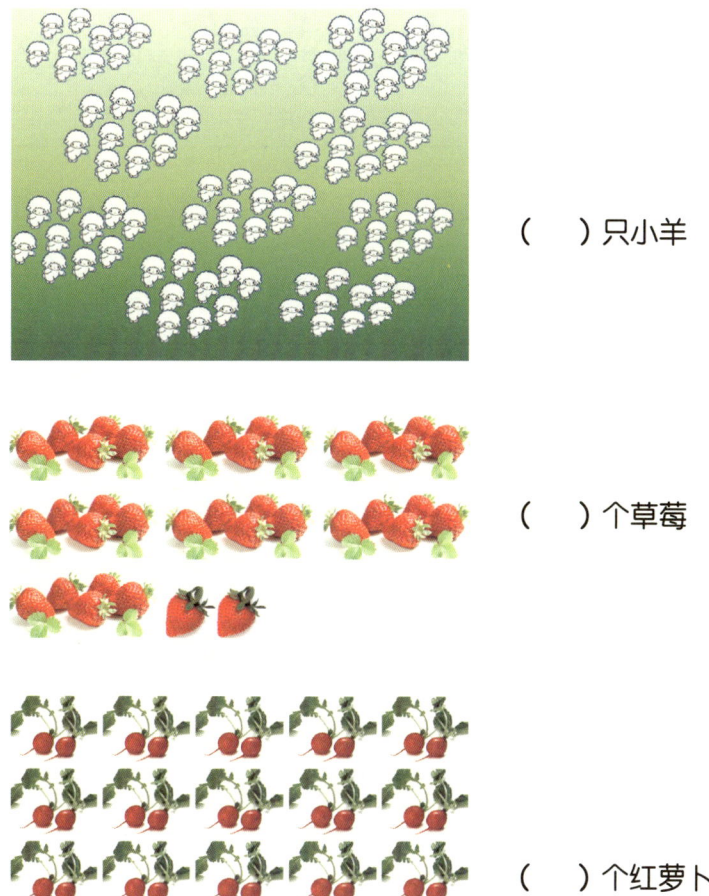

(　　)只小羊

(　　)个草莓

(　　)个红萝卜

活动反思:(你在实施这个课程中有何感想?)

41. 对称

活动目标

❶ 初步认识轴对称现象，能在对称图形上找出对称轴。
❷ 感受周围事物的对称美，提高审美意识、体验创造的乐趣。

活动准备

❶ 蝴蝶图片、剪刀。
❷ 长方形、正方形纸若干。

活动内容

❶ 理解对称概念，初步感受对称美。

引导语：（出示飞机模型）这是什么？飞机两旁有什么？它们的形状、长短等是否一样？（出示一张正方形的白纸）把这张白纸对折后再打开，发现中间有一条折痕，这条折痕叫什么？（对称轴）

小结：左右两边的大小、形状都一样的情况叫作对称。如果沿某条直线对折，对折的两部分是完全重合的，那么就称这样的图形为轴对称图形，这条直线叫作这个图形的对称轴。

❷ 观察、寻找身边的对称物品，巩固理解对称的含义。

引导语：（出示蝴蝶、脸谱）它们对称吗？你从什么地方看出它们是对称的？对称轴在哪里？对称的东西看起来怎么样？（平衡感、整齐、美观）

41. 对称

你还知道有哪些物品是对称的吗？（望远镜、衣服、眼镜、蜻蜓、剪刀、雨伞、汽车等）它们的对称轴在哪里？

❸ 寻找对称轴，进一步感受对称美。

（出示五角星、圆形、正方形等）引导孩子对折后，发现可以有几种对折方法？有几种对折方法也就是说有几条对称轴。

❹ 动手做一做。

● 辨一辨。

下列图形（物品）中哪些是轴对称图形（物品）？在轴对称图形（物品）的（　）里打"√"，其余的打"×"。

（　）　　　（　）　　　（　）　　　（　）

● 画一画。

在下列图形中，你还能画出其他对称轴吗？试试最多可以画几条。

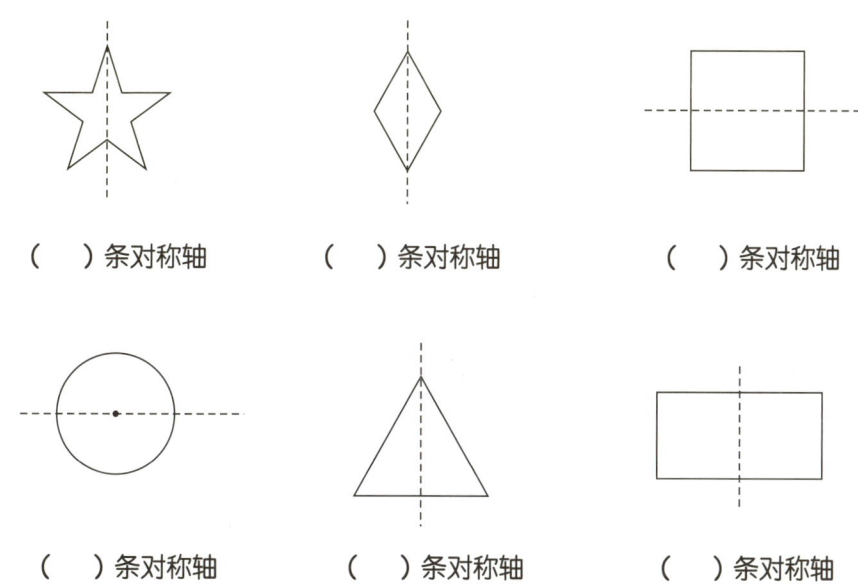

（　）条对称轴　　（　）条对称轴　　（　）条对称轴

（　）条对称轴　　（　）条对称轴　　（　）条对称轴

● 连一连。

这些图案是从哪张纸上剪下来的？请你把它们连起来。

● 变一变。

根据对称轴原理,请你把另一半变出来。

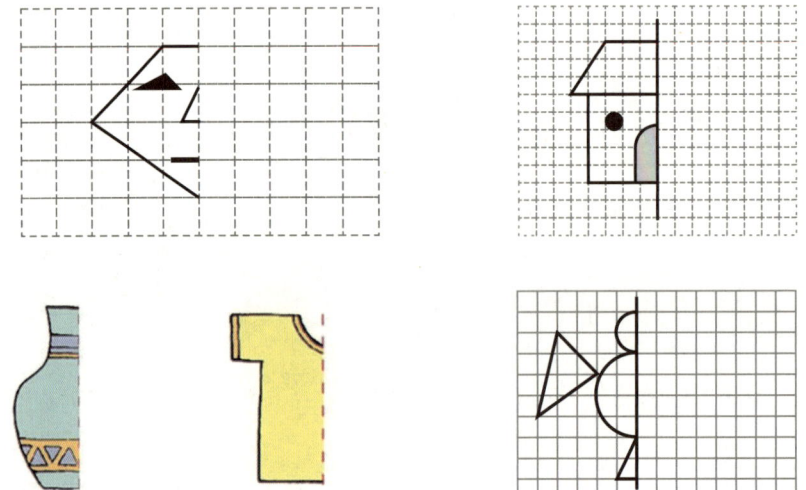

活动反思:(你在实施这个课程中有何感想?)

42. 想一想

活动目标

❶ 经历简单推理的过程，初步获得一些简单的推理经验。
❷ 培养孩子初步的分析及推理能力。
❸ 感受用数学的思维方法解决问题的乐趣。

活动准备

❶ 创设"数学乐园"情境导入，辨别两个条件的推理。

● 篮子里有苹果和梨，妈妈双手分别拿了不同的水果，左手拿着苹果，那么妈妈的右手拿的应该是什么？

● 小朋友说："我不是男孩子，那我是？"

● 双胞胎兄弟中一个人说："我不是哥哥。"那他是谁？

❷ 探究"含有三个条件的推理"，获得简单的推理经验。

● 一头大象的重量等于两头牛的重量，一头牛的重量等于两头猪的重量，那么，一头大象的重量是几头猪的重量？

● 小狗、小马、小兔、小鹿和小乌龟进行跑步比赛，小兔说："我不是最后一名，跑在我前面还有两只小动物。"小狗说："我也不是最后一名，跑在我后面还有一只小动物。"小鹿说："只有一只动物跑得比我快。"小马说："我后面有四只小动物。"那么，谁第一名？谁第二名？谁第三名？谁第四名？谁跑最后？

● 小芳比小兰重，小明比小兰轻，那

么，谁最重？谁最轻？

● 今天是星期五，昨天是星期几？明天是星期几？

❸ 把推理运用到日常生活中。

根据日常生活中出现的情况进行简单的推理并得出结论。

❹ 动手做一做。

● 涂涂画画。

请你根据推理原理，把没填色的物品涂上颜色以及在表格空白处画上相对应的图形。

● 填一填。

看看每行的三个数字有什么关系，在空白处填上相对应的数字。

5	1	4
4	3	7
8	2	6
7		9
	5	5

续上表

3	6	9
4	1	3
2	5	7
8	4	
7		8

• 写一写。

每行都有数字 1、2、3、4、5，每列也有数字 1、2、3、4、5，不能重复和错漏，请你在空白处写上缺少的数字吧。

2	1	3		5
1	4	2	5	
4	3	5		1
	2	1	3	4
	5	4	1	

5			4	2
1	4	5	2	
	1	3	5	4
	2			5
4	5	2	3	

• 推一推。

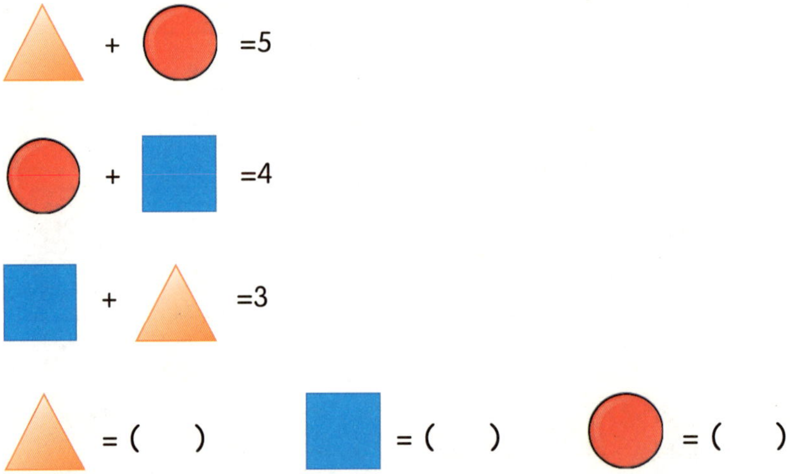

4 🍈 = 10 🍊

🍍 = 6 🍊

🍍 + 4 🍊 = ( ) 🍈

△ + ● = 5

● + ■ = 4

■ + △ = 3

△ = ( )   ■ = ( )   ● = ( )

活动反思：（你在实施这个课程中有何感想？）